한국인의 말하기 취약점 집중공략 OPIc IM

1판 1쇄 발행 2016년 7월 29일
3쇄 발행 2019년 1월 11일

저자 이현석
기획 멀티캠퍼스 외국어연구소

펴낸이 박민우
기획팀 송인성, 김선명, 박종인
편집팀 박우진, 김영주, 김정아, 최미라, 전혜련
관리팀 임선희, 정철호, 김성언, 권주련
펴낸곳 멀티캠퍼스 하우
주소 서울시 중랑구 망우로68길 48
전화 (02)922-7090
팩스 (02)922-7092
홈페이지 http://www.hawoo.co.kr
e-mail hawoo@hawoo.co.kr
등록번호 제2014-18호

값 18,000원
ISBN 979-11-87549-00-0

Copyright ⓒ 2016 by Lee Hyun Suk

All rights reserved.
No part of this publication may be reproduced, stored in a retrieval system,
or transmitted in any form or by any means, electronic, mechanical, photocopying, recording,
or otherwise, without the prior permission of the publisher.

이 책은 저작권법에 따라 보호받는 저작물이므로 무단전재와 무단복제를 금지하며,
이 책 내용의 전부 또는 일부를 이용하려면 반드시 저작권자와 출판권자의 서면 동의를 받아야 합니다.

 모범답변 MP3 다운로드 www.opic.co.kr 접속 후 '북&앱북'에서 다운로드

OPIc^M

멀티캠퍼스

머리말

OPIc시험의 필요성

기존의 듣기·읽기 위주의 영어평가 시험에서 현재 말하기와 쓰기영역이 도입되어 영어평가를 위한 영어능력 향상을 위한 변화가 일어나고 있습니다. 실질적인 영어 구사능력에 대한 사회적 요구가 증대되고 있습니다. 이런 배경으로 영어 구사력을 공신력 있게 평가하는 OPIc(Oral Proficiency Interview-computer)의 역할이 점점 커지고 있습니다.

OPIc은 현재 삼성그룹, CJ그룹, LG전자, SK 등 국내 많은 기업들의 신입사원 채용 용도로 쓰이는 것은 물론 승진 및 인사고과에도 활용되고 있어 해마다 응시자의 수가 늘어나고 앞으로도 OPIc의 필요성은 증가될 것으로 보입니다. OPIc시험이 다른 영어시험들에 비해 몇 가지 특징들을 가지고 있으므로 다른 시험들과의 차별성을 가지고 있습니다.

첫째, 시험 종료 후 보통 5일 이내에 시험성적이 나온다는 것이 가장 큰 장점으로 손꼽히고 있습니다.

둘째, 시험 전 Background Survey(하는 일, 경험, 관심 분야, 선호도 조사)와 Self-Assessment (본인의 말하기 수준)를 통한 맞춤형 평가입니다. 기존의 공인영어점수와 영어실력의 차이가 가장 큰 문제였던 시험들에 비하여 OPIc은 Background Survey를 통해 본인의 말하기 실력을 세분화하여 전문적으로 측정하고 있습니다.

셋째, 오리엔테이션을 제외한 총 40분의 시험시간으로 많은 발화 기회가 주어지기 때문에 수험자의 영어실력을 가장 정확하게 측정할 수 있습니다.

따라서 앞으로도 영어 말하기의 중요성이 강조되는 현 상황에서 정확한 말하기 실력을 측정하기 위해서는 실생활의 목적들과 가장 유사한 유형의 시험인 OPIc의 위상은 높아질 것으로 예상됩니다. 이에 수동적인 영어 학습 형태에서 벗어나 능동적인 영어 학습자로서 꾸준한 말하기 연습을 통해 OPIc시험에서 고득점을 받기 위해 노력해 봅시다.

2012 New ACTFL Proficiency Guidelines

새롭게 적용된 2012 ACTFL Proficiency Guidelines는 2011년까지 사용되어 왔던 것을 발전시켜 구성에는 크게 차이가 없지만 최고급 수준이었던 Superior보다 더 높은 수준인 Distinguished 수준을 새로 설정한 것이 가장 큰 변화입니다. 하지만 Distinguished level은 평가에서 직접 부여하여 사용하지 않고 Superior의 수준을 평가할 때의 참고 자료로만 활용하도록 되어있습니다. 그 밖에 구체적인 언어 수준 기술의 명료성을 위하여, 특히 Intermediate High와 Advanced Low, Advanced High와 Superior 사이의 능력 수준 확정을 보다 명료하게 할 수 있도록 용어 사용이나 중복 기술 등의 문제를 제거하여 체계성을 확립하였습니다. 또한 듣기, 말하기, 읽기, 쓰기의 네 기능 모두를 종합적으로 고려하여 ACTFL Proficiency Guidelines를 기술하였다는 점에서 언어능력 수준 기술의 체계성과 완결성이 훨씬 더 커졌다고 할 수 있겠습니다.

한국인의 말하기 취약점 집중공략 OPIc IM

OPIc 시험은 Background Survey를 기반으로 한 개인 맞춤형 시험입니다. 시험 전 본인이 선택한 관심사를 중점으로 질문이 출제되기 때문에 채점자들도 수험자의 개인의 경험에 대한 차별화된 이야기를 듣고 싶어합니다. 하지만 시험을 준비해야 하는 수험자에게 이는 큰 부담이 아닐 수 없습니다. 그래서 한국인의 말하기 취약점 집중공략 OPIc IM이 OPIc을 준비하는 수험자에게 해법을 제시해 드립니다. 논리적 답변 구성을 지정된 색으로 표현해서 답변 구성의 필수 요소를 학습하면서 체득 할 수 있게 도와드립니다. OPIc 시험 답변에서 반드시 필요한 skill, 문장구조(text type)는 빨간색, 맥락과 내용(context and content)은 파란색으로 표현하여 자신의 상황에 맞는 표현을 골라 학습할 수 있도록 하였습니다.

시험을 처음 준비하는 학습자들도 스스로 답안을 완성할 수 있도록 자세한 Guide를 제공하여 논리적인 답안을 만들어 나갈 수 있도록 한국인의 말하기 취약점 집중공략 OPIc IM이 도와드리겠습니다. 이제부터 영어에 대한 자신감을 가지고 OPIc에 도전해 보세요. 어느새 논리적이고 체계적으로 이야기할 수 있는 자신을 발견할 수 있을 것입니다. 한국인의 말하기 취약점 집중공략 OPIc IM은 OPIc 고득점을 넘어 전반적인 말하기 능력의 향상을 이룰 수 있기를 기대합니다.

포기하지 마세요! Never Give Up!

차 례

- 학습 Schedule ... 8
- Structure and Features ... 10
- OPIc 소개 ... 12
- Background Survey ... 14
- OPIc FAQ ... 16

| 학습 목차 |

Chapter 01 [선택형 주제] 자기소개 ... 19

Chapter 02 [선택형 주제] HOUSING 집 ... 25

Chapter 03 [선택형 주제] MUSIC 음악 감상 ... 35

Chapter 04 [선택형 주제] DOMESTIC TRIPS 국내 여행 ... 45

Chapter 05 [선택형 주제] CAFÉS/COFFEE SHOPS 카페/커피전문점 가기 ... 55

Chapter 06 [선택형 주제] MOVIES 영화보기 ... 63

Chapter 07 [선택형 주제] BEACHES 해변 가기 ... 71

Chapter 08 [선택형 주제] PARKS 공원 가기 ... 79

Chapter 09 [선택형 주제] JOGGING 조깅 ... 87

Chapter 10 [선택형 주제] INTERNET 인터넷 ... 95

Chapter 11	[공통형 주제] RESTAURANTS 음식점	103
Chapter 12	[공통형 주제] FURNITURE 가구	111
Chapter 13	[공통형 주제] TRANSPORTATION 교통	119
Chapter 14	[공통형 주제] WEATHER 날씨	127
Chapter 15	[공통형 주제] BANKS 은행	135
Chapter 16	[공통형 주제] GEOGRAPHY 지형	143
Chapter 17	[공통형 주제] FAMILY/FRIENDS 가족/친구	151
Chapter 18	[ROLE PLAY] CONCERT 콘서트	159
Chapter 19	[ROLE PLAY] MP3 PLAYER	167
Chapter 20	[ROLE PLAY] FURNITURE 가구	175

부록 1	[ROLE PLAY] 공원 가기	184
부록 2	[ROLE PLAY] 음식점	191
부록 3	[ROLE PLAY] 면접/인터뷰	198
부록 4	[ROLE PLAY] SNS	205

학습 Schedule

■ 한 달 완성: 주5일 / 20강(90분 강의기준)

Week	월	화	수	목	금
Week 1	Chapter 01	Chapter 02	Chapter 03	Chapter 04	Chapter 05
Week 2	Chapter 06	Chapter 07	Chapter 08	Chapter 09	Chapter 10
Week 3	Chapter 11	Chapter 12	Chapter 13	Chapter 14	Chapter 15
Week 4	Chapter 16	Chapter 17	Chapter 18	Chapter 19	Chapter 20

Week	월	화	수	목	금
Week 1	Chapter 01	Chapter 02	Chapter 03	Chapter 04	Chapter 05
	자기소개	집	음악 감상	국내여행	카페/커피전문점 가기
Week 2	Chapter 06	Chapter 07	Chapter 08	Chapter 09	Chapter 10
	영화보기	해변가기	공원가기	조깅	인터넷
Week 3	Chapter 11	Chapter 12	Chapter 13	Chapter 14	Chapter 15
	음식점	가구	교통	날씨	은행
Week 4	Chapter 16	Chapter 17	Chapter 18	Chapter 19	Chapter 20
	지형	가족/친구	콘서트	MP3 PLAYER	가구

Oral Proficiency Interview-computer

■ 두 달 완성: 주3일 (월,수,금) / 24강(90분 강의기준)

Week	월	수	금
Week 1	Chapter 01	Chapter 02	Chapter 03
Week 2	Chapter 04	Chapter 05	Chapter 06
Week 3	Chapter 07	Chapter 08	Chapter 09
Week 4	Chapter 10	Chapter 11	Chapter 12
Week 5	Chapter 13	Chapter 14	Chapter 15
Week 6	Chapter 16	Chapter 17	Chapter 18
Week 7	Chapter 19	Chapter 20	Chapter 21
Week 8	Chapter 22	Chapter 23	Chapter 24

Week	월	수	금
Week 1	Chapter 01 자기소개	Chapter 02 집	Chapter 03 음악 감상
Week 2	Chapter 04 국내여행	Chapter 05 카페/커피전문점 가기	Review Chapter 01~05
Week 3	Chapter 06 영화보기	Chapter 07 해변가기	Chapter 08 공원가기
Week 4	Chapter 9 조깅	Chapter 10 인터넷	Review Chapter 06~10
Week 5	Chapter 11 음식점	Chapter 12 가구	Chapter 13 교통
Week 6	Chapter 14 날씨	Chapter 15 은행	Review Chapter 11~15
Week 7	Chapter 16 지형	Chapter 17 가족/친구	Chapter 18 콘서트
Week 8	Chapter 19 MP3 PLAYER	Chapter 20 가구	Review Chapter 16~20

Structure and Features

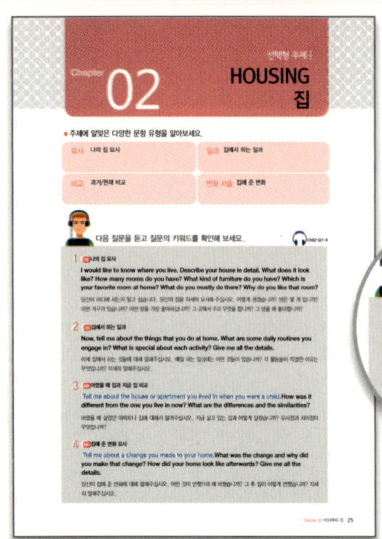

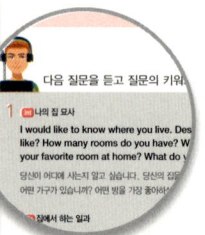

◀ **Step 1. 유형 알아보기**
자주 출제되는 문제 유형을 미리 알아보고,
답변 전략을 준비할 수 있습니다.

◀ **Step 2. 질문 듣기 연습하기**
빈출 문제를 들어보고 문제 속 키워드 문장을 찾는 연습을 할 수 있습니다. 듣기 연습을 통해 문제를 정확하게 듣고 키워드를 골라 내는 능력을 향상시킬 수 있습니다. 키워드를 힌트로 답변 속에 포함시켜야 하는 구체적인 내용을 미리 떠올려볼 수 있습니다.

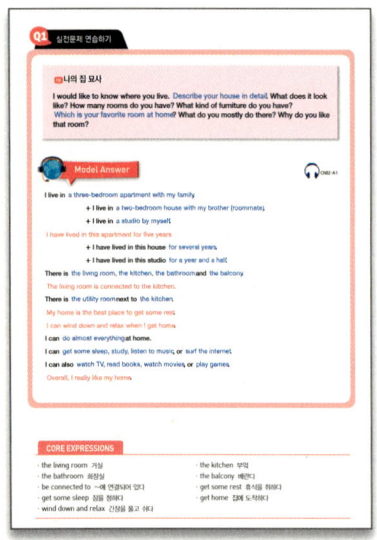

◀ **Step 3. 실전답변 연습하기**
활용도 높은 문장구조(text type) 및 맥락과 내용(context and content)을 통해 자연스러운 문장구조와 패턴을 연습할 수 있습니다. 최신 빈출 문제 3개로 구성되어 있습니다.

TEXT 레드
오픽 평가 요소에는 문장구조(text type)라는 평가 요소가 있습니다. 같은 말을 하더라도 어떤 문장구조와 어법 패턴을 사용했는지에 따라 다른 등급을 부여합니다. 다시 말하면, 구사하는 문장 난이도를 하나의 등급 지표로 삼는 것입니다. 체조 경기에서 난이도 높은 기술을 구사했을 때, 그 난이도 때문에 더 높은 등급의 점수를 부여하는 원리와 같습니다.

예를 들면,
[IL~IM1] I listen to every music.
[IM2~IM3] I listen to all kinds of music.
[IH~AL] I listen to whatever is good when it comes to music.

최상위 등급을 취득하는 사람들의 경우, whatever와 같은 복합관계대명사 사용이 가능하고, when it comes to와 같은 연결어 사용이 빈번합니다. 우리 책에서는 이러한 고급 text type을 면밀히 분석하고 붉은 색으로 표시하여, 여러분들의 등급 상승을 용이하게 만들고자 했습니다.

TEXT 블루
오픽 평가 요소에는 맥락과 내용(context and content)이라는 평가 요소가 있습니다. 특정 주제에 대해서 이야기하는 맥락에 그에 어울리는 표현과 내용이 나오는 답변에 더 높은 등급을 부여하게 되어 있습니다.
예를 들어, 콘서트 현장의 분위기, 팬들의 반응에 대해서 묘사하는 답변이었다면, "소리를 지른다" "위 아래로 뛴다" "노래를 따라 부른다"와 같은 내용이 그 콘서트 현장의 분위기를 적절히 묘사하는 맥락의 내용입니다.

The fans were screaming.
The fans were jumping up and down.
The fans were screaming along to the songs.

이와 같은 내용이 언급 되었을 때, 오픽에서는 더 높은 등급을 받을 수 있습니다. 우리 책에서는 이러한 주제별/문항별 내용 연관도가 높은 소재들을 파란색으로 표시하여, 여러분들이 골라서 쓸 수 있도록 구성했습니다.

◀ **Step 4.** 핵심표현 알아보기
모범 답변에 쓰이는 활용도 높은 표현을 학습합니다.

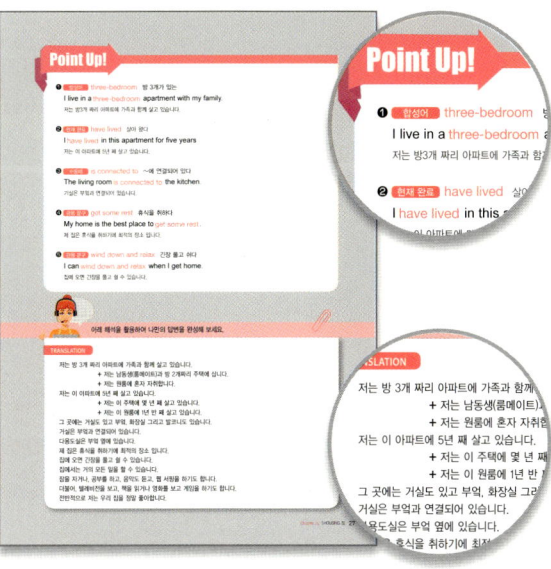

◀ **Step 5.** 문장 구조 강화 집중 훈련하기
각 답변에서 등급을 올려주는 역할을 하는 핵심표현과 문장 구조를 집중 훈련해야 합니다. 오픽의 채점 기준에 부합하는 주요 형태의 문장들을 알아보고, 핵심표현들이 답변에 나올 수 있도록 연습하는 것이 좋습니다.

◀ **Step 6.** 나만의 답변 연습하기
모범 답변을 활용하여 나만의 답변을 만들고, 말하는 연습을 합니다.

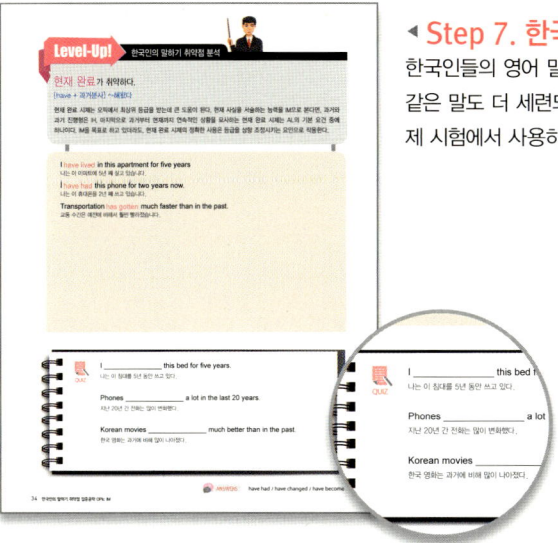

◀ **Step 7.** 한국인의 말하기 취약점 분석 Tip
한국인들의 영어 말하기 취약점이 무엇인지 파악하고, 발화 습관을 고치거나, 같은 말도 더 세련되고, 올바른 영어 표현으로 말하는 집중 훈련을 합니다. 실제 시험에서 사용하면 좋은 전략적 표현으로 엄선하였습니다.

◀ **Step 8.** Quiz
각 챕터에서 배운 핵심 표현 문구를 퀴즈를 통해 연습합니다. 이러한 연습은 주요 표현을 내재화 하는데 도움을 줍니다.

OPIc 소개

OPIc이란?

OPIc(Oral Proficiency Interview-computer)은 면대면 외국어 인터뷰 OPI를 최대한 Interview와 가깝게 만든 iBT기반의 외국어 말하기 평가로서, 외국어 전문 교육 연구 단체인 ACTFL(American Council on the Teaching of Foreign Languages)에서 개발한 공신력 있는 말하기 평가입니다. OPIc은 단순히 문법이나 어휘 등을 얼마나 많이 알고 있는가 보다는 실제 상황에서 얼마나 효과적이고 적절하게 언어를 구사하는지를 측정하는 객관적인 평가로, 국내에서는 2007년 시작되어 현재 약 1,000여 개 기업 및 기관에서 OPIc을 채용과 인사고과 등에 활발하게 활용하고 있습니다. 현재 OPIc은 영어뿐만 아니라 중국어, 러시아어, 스페인어 등 총 44개의 언어평가를 제공함으로써 다양한 언어를 동일한 기준으로 평가할 수 있는 유일한 외국어 말하기 평가로 자리매김하였습니다.

OPIc 진행과정

ORIENTATION(약 15분)

1. **Background Survey** — 인터뷰 문항을 위한 사전 설문
2. **Self Assessment** — 시험의 난이도 결정을 위한 자가 평가
3. **Overview of OPIc** — 화면 구성, 문항 청취 및 답변 방법 안내
4. **Sample Question** — 실제 답변 방법 연습

시험시간(40분)

1. **1st Session**
   - 개인 맞춤형 문항 － 질문 청취 2회
   - 문항별 답변 시간 제한 無 － 약 7문항 출제
2. **난이도 재조정**
   - Self Assessment(2차 시험 난이도 선택)
   - 쉬운 질문 / 비슷한 질문 / 어려운 질문 中선택
3. **2nd Session**
   - 개인 맞춤형 문항 － 질문 청취 2회
   - 문항별 답변 시간 제한 無 － 약 5~8문항 출제

OPIc 등급

OPIc의 등급은 크게 세 가지, 작게는 일곱 가지로 세분화됩니다.

- **Novice**: '초보자'라는 뜻으로 OPIc에서는 '초급' 단계입니다.
- **Intermediate**: '중간'이라는 뜻으로 OPIc에서는 '중급' 단계입니다.
- **Advanced**: '고급의'라는 뜻으로 OPIc에서는 가장 높은 '고급' 단계입니다.

Oral Proficiency Interview-computer

이 세 가지의 등급을 세분화해서 다음과 같이 구분하게 됩니다.

- Novice Low, Novice Mid, Novice High
- Intermediate Low, Intermediate Mid(1~3), Intermediate High
- Advanced Low

OPIc의 모체인 OPI에서는 Advanced도 Low, Mid, High로 구분되지만, 컴퓨터로 시험을 보는 OPIc에서는 Advanced Low라는 등급 하나만 부여됩니다.

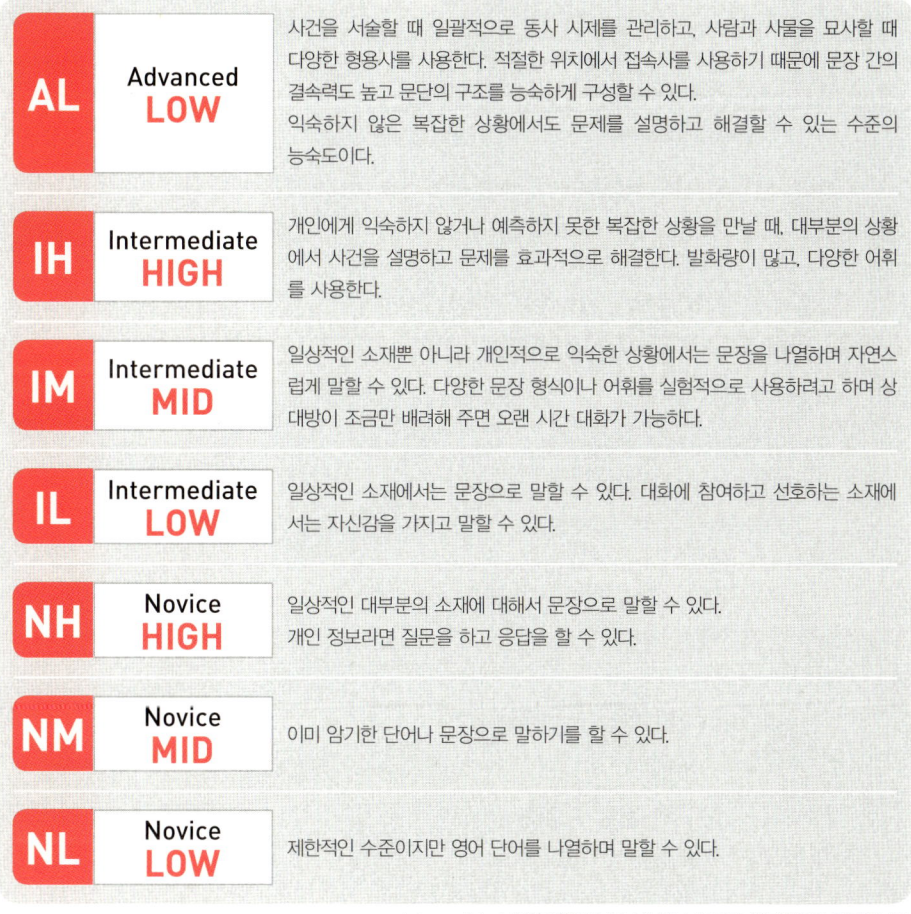

* Intermediate Mid의 경우 Mid 1, Mid 2, Mid 3로 세분화하여 제공합니다.

Background Survey (배경 설문)

2015. 11월 변경 반영

OPIc의 개인 맞춤형 문제는 Background Survey에 대한 응답을 기초로 출제됩니다. 나에게는 어떤 맞춤형 문제가 출제될지 미리 생각해 보세요.

1 현재 귀하는 어느 분야에 종사하고 계십니까?
☐ 사업/회사   ☐ 재택근무/재택사업   ☐ 교사/교육자   ☐ 군 복무   ☐ 일 경험 없음

1.1. 현재 귀하는 직업이 있으십니까?
☐ 네   ☐ 아니요

1.1.1. 귀하의 근무 기간은 얼마나 되십니까?
☐ 첫 직장 – 2개월 미만   ☐ 첫 직장 – 2개월 이상   ☐ 첫 직장 아님 – 경험 많음

1.1.1.1. 당신은 부하 직원을 관리하는 관리직을 맡고 있습니까?
☐ 네   ☐ 아니요

문항 1에서 교사/교육자로 답변했을 경우

1.1. 당신은 어디에서 학생을 가르치십니까?
☐ 대학 이상   ☐ 초등/중/고등학교   ☐ 평생교육

1.1.1. 귀하의 근무 기간은 얼마나 되십니까?
☐ 2개월 미만 – 첫 직장
☐ 2개월 미만 – 교직은 처음이지만 이전에 다른 직업을 가진 적이 있음
☐ 2개월 이상

---

2 현재 귀하는 학생이십니까?
☐ 네   ☐ 아니요

2.1. 현재 어떤 강의를 듣고 있습니까?
☐ 학위 과정 수업   ☐ 전문 기술 향상을 위한 평생 학습   ☐ 어학 수업

2.2. 최근 어떤 강의를 수강했습니까?
☐ 학위 과정 수업
☐ 전문 기술 향상을 위한 평생 학습
☐ 어학 수업
☐ 수업 등록 후 5년 이상 지남

3 현재 귀하는 어디에 살고 계십니까?
☐ 개인주택이나 아파트에 홀로 거주
☐ 친구나 룸메이트와 함께 주택이나 아파트에 거주
☐ 가족(배우자/자녀/기타 가족 일원)과 함께 주택이나 아파트에 거주
☐ 학교 기숙사   ☐ 군대 막사

아래의 4~7번 문항에서 12개 이상을 선택해 주시기 바랍니다.

4 귀하는 여가 활동으로 주로 무엇을 하십니까? (두 개 이상 선택)
☐ 영화 보기   ☐ 클럽/나이트클럽 가기   ☐ 공연 보기   ☐ 콘서트 보기
☐ 박물관 가기   ☐ 공원 가기   ☐ 캠핑하기   ☐ 해변 가기
☐ 스포츠 관람   ☐ 주거 개선   ☐ 술집/바에 가기   ☐ 카페/커피전문점 가기
☐ 게임하기(비디오, 카드, 보드, 휴대폰 등)   ☐ 당구 치기   ☐ 체스하기
☐ SNS에 글 올리기   ☐ 친구들과 문자대화하기 ☐ 시험 대비 과정 수강하기
☐ TV보기   ☐ 리얼리티쇼 시청하기   ☐ 뉴스를 보거나 듣기
☐ 요리 관련 프로그램 시청하기   ☐ 쇼핑하기
☐ 차로 드라이브하기 ☐ 스파/마사지샵 가기   ☐ 구직활동하기   ☐ 자원봉사하기

5 귀하의 취미나 관심사는 무엇입니까? (한 개 이상 선택)
☐ 아이에게 책 읽어 주기   ☐ 음악 감상하기   ☐ 악기 연주하기   ☐ 춤추기
☐ 글쓰기(편지, 단문, 시 등) ☐ 그림그리기   ☐ 요리하기   ☐ 애완동물 기르기
☐ 독서   ☐ 주식 투자하기   ☐ 신문 읽기   ☐ 여행 관련 잡지나 블로그 읽기
☐ 사진 촬영하기   ☐ 혼자 노래 부르거나 합창하기

6 귀하는 주로 어떤 운동을 즐기십니까? (한 개 이상 선택)
☐ 농구   ☐ 야구/소프트볼   ☐ 축구   ☐ 미식축구
☐ 하키   ☐ 크리켓   ☐ 골프   ☐ 배구
☐ 테니스   ☐ 배드민턴   ☐ 탁구   ☐ 수영
☐ 자전거   ☐ 스키/스노보드   ☐ 아이스 스케이트   ☐ 조깅
☐ 걷기   ☐ 요가   ☐ 하이킹/트레킹   ☐ 낚시
☐ 헬스   ☐ 태권도   ☐ 운동 수업 수강하기 ☐ 운동을 전혀 하지 않음

7 당신은 어떤 휴가나 출장을 다녀온 경험이 있습니까? (한 개 이상 선택)
☐ 국내 출장   ☐ 해외 출장   ☐ 집에서 보내는 휴가   ☐ 국내 여행   ☐ 해외 여행

OPIc FAQ

01 OPIc 시험 중 필기구를 사용하여 답변을 준비해도 되나요?

OPIc 응시자는 필기구를 가지고 시험장에 입실할 수 없습니다. 따라서 시험 중에 필기구를 이용하여 메모 등을 하실 수 없으며, 적발 시 부정행위로 처리되어 OPIc 시험 규정에 따라 향후 시험 응시 기회에 제한을 받습니다.

02 무조건 길게 말하는 것이 도움이 되나요?

짜임새 없는 내용으로 길게만 말하는 것보다는 질문이 요구하는 내용에 충실한 답변을 정확한 문법과 표현을 사용하여 논리적으로 표현할 때 좋은 평가를 받을 수 있습니다. 또한 기-승-전-결 혹은 서론-본론-결론의 짜임새 있는 구성으로 답변해야 합니다. 공식적인 수치는 아니지만, 주어진 시간 내 모든 문제에 풍부한 내용으로 답변을 하려면 한 문항당 짧으면 1분, 일반적으로 2분에서 2분 30초 이상 말할 수 있도록 준비하는 것이 좋습니다.

03 Background Survey 응답 내용대로만 출제되나요?

아닙니다. 시험 전에 체크한 Background Survey 결과는 나에게 맞는 맞춤형 문항이 출제되는 데 영향을 주지만, 그 외 시스템으로 선별된 문항도 출제됩니다. 즉, 여러분이 선택하지 않은 내용에서도 문제가 출제됩니다. 일반적으로 여러분의 일상생활에서 일어나는 일들을 위주로 문제가 출제되며 전문적인 내용이 출제되더라도 일상생활과 연결되어 있는 질문들이 출제됩니다. OPIc 등급 향상을 위해서는 Background Survey 항목에 관련된 답변만을 무조건 외우기보다는 평소에 다양한 말하기 연습을 하는 것이 도움이 될 것입니다.

04 OPIc 문제 중 Background Survey 내용과 관련이 없는 내용이 나오면 답변하지 않아도 되나요?

아닙니다. 수험자는 주어진 문항에 대해서 모두 답변을 진행해야 합니다. OPIc은 Background Survey를 통해 수험자의 개인 맞춤형 문항의 출제가 가능하지만 다른 영역의 질문 또한 출제되어 수험자가 예상하지 못한 문제에 대한 상황 대처능력 및 순발력 또한 평가합니다. 따라서, 질문에 대한 답변이 진행되지 않는 경우 감점의 요인이 될 수 있습니다. 그러므로 답변할 때 모르는 문제가 나왔다고 해서 당황해서는 안 됩니다. 설령, 여러분이 Background Survey에서 선택한 내용과 다른 문제가 출제되더라도 최선을 다해 성실하게 답변하는 것이 좋습니다.

05 시험 보는 중간에 Self Assessment로 레벨을 변경하는 것이 성적에 영향이 있나요?

처음에 높은 레벨로 시작했다가 중간에 낮은 레벨로 바꾸거나, 그 반대로 낮은 레벨에서 시작해서 높은 레벨로 바꾸는 그 자체로 성적이 바뀌지는 않습니다. 철저히 주어진 답변에 얼마나 충실하게 답변했는지가 성적을 좌우한다고 보면 됩니다. 그러나, 나의 영어실력과 너무 동떨어진 레벨을 선택하는 것은 바람직하지 않습니다.

06 문제를 반복해서 들으면 성적이 좋지 않게 나오는 것이 사실인가요?

문제 풀기 전략 중 하나로 문제를 습관적으로 반복해서 듣는 사람들이 있습니다. 문제를 반복 청취하는 것이 성적에 직접적으로 영향을 미치는 것은 아니지만, 문제를 반복 청취했을 때 답변 시간이 줄어들 수 밖에 없으므로, 시간 관리에 어려움을 느낄 수도 있습니다. OPIc 문제의 답변 시간은 질문 청취 시간을 제외하고 약 35분 가량입니다. 따라서 주어진 시간 내 모든 문제에 효율적으로 답변할 수 있도록 시간을 활용해야 합니다.

07 발음이 안 좋거나 더듬거리면 성적에 나쁜 영향을 주게 되나요?

발음은 이해가 가능한 수준일 경우 크게 영향을 미치지 않는 것으로 알려져 있습니다. 그러나 메시지 전달이 안 될 정도로 말을 매끄럽지 못하게 할 경우에는 당연히 채점이 어려울 수밖에 없습니다.

08 OPIc 시험은 현장에서 결과를 직접 확인할 수 있나요?

OPIc 정기 시험은 시험 응시일로부터 7일 후 자정부터 OPIc 홈페이지(www.opic.or.kr)에서 성적 확인이 가능합니다. 예) 8월 6일 시험 응시 → 8월 12일에서 8월 13일로 넘어가는 00:00부터 성적 확인 가능
※성적 확인 및 인증서 출력은 회원 전용 서비스이므로 회원 가입 필요

09 OPIc 시험 일정은 1년에 몇 번 정도 있나요?

OPIc 시험은 일반적으로 월 6회(수요일, 일요일) 있으며 채용 시즌에는 매일 정기 시험을 진행 합니다. 또한 강남 오픽스퀘어 센터에서는 채용 시즌 외에도 주중에 3일 이상 시험이 시행되고 있습니다. 자세한 내용은 OPIc 홈페이지(www.opic.or.kr)를 확인해주시기 바랍니다.

10 성적이 UR이라고 나오는 것은 무엇을 의미하나요?

"UR"은 unable to rate를 의미합니다. UR이 나오는 경우는 녹음 불량, 녹음 음량이 너무 작은 경우, 수험자가 자신이 없어 답변을 하지 않은 경우입니다. 수험자의 과실인 경우 응시료 환불은 없으며 재시험의 기회도 없습니다. 시스템적인 오류로 UR이 나왔을 경우 한 번의 재시험 기회를 드립니다.

11 시험에 필요한 규정 신분증이 무엇인가요?

OPIc 시험에서 인정되는 규정 신분증은 주민등록증, 운전면허증, 기간만료 전 여권 등이며, 사원증 및 학생증, 기타 자격증은 신분증으로 인정되지 않습니다.

Chapter 01

선택형 주제 |
자기소개

● 주제에 알맞은 다양한 문항 유형을 알아보세요.

| 서술 | 자기소개 |

 다음 질문을 듣고 질문의 키워드를 확인해 보세요.  Ch01-Q1

Let's start the interview. Tell me something about yourself.
인터뷰를 시작합시다. 자신에 대해 말해 주십시오.

Q1 실전문제 연습하기

Let's start the interview. Tell me something about yourself.
인터뷰를 시작합시다. 자신에 대해 말해 주십시오

 Model Answer  Ch01-A1

Hi, there. My name is _____ and I am _____ years old.
I currently work for S Electronics as an engineer.
I have worked at this company for 5 years.

I'm very hard-working and I like to take the initiative.
Plus, I have a strong sense of responsibility and I always pay attention to detail.
Also, I always give it my all in whatever I do.
Next, I am a people person and I have a lot of friends.

Plus, I am a very active person. I like to do outdoor activities.
When it comes to my hobbies, I like to go on trips off and on.
I also like to ride bikes and go out to eat at fancy restaurants.

Overall, I am very happy with my life and what I do.

CORE EXPRESSIONS

- currently 현재
- hard-working 근면한, 부지런한, 열심히 하는
- give it my all 최선을 다하다, 올인하다
- outdoor activities 야외 활동
- go on a trip 여행을 가다
- go out to eat 나가서 먹다
- work for ~에 근무하다
- take the initiative 솔선해서 하다
- active 활동적인
- when it comes to ~에 있어서
- off and on 때때로, 가끔

Point Up!

❶ 〔관용 문구〕 **currently work for~** 현재 ~에 근무하다, 현재 ~에서 일하다
I **currently work for** S Electronics as an engineer.
저는 현재 S전자에 연구원으로 일하고 있습니다.

❷ 〔현재 완료〕 **have worked** 일하고 있다, 일해 왔다
I **have worked** at this company for 5 years.
이 회사에서 5년 째 일하고 있습니다.

❸ 〔관용 문구〕 **give it my all** 최선을 다하다
Also, I always **give it my all** in whatever I do.
그리고 저는 무엇을 하든지 최선을 다합니다.

❹ 〔연결어〕 **when it comes to** ~에 있어서
When it comes to my hobbies, I like to go on trips off and on.
취미에 있어서는, 때때로 여행 떠나는 것을 좋아합니다.

❺ 〔관용 문구〕 **happy with my life** 내 삶에 만족하다, 삶이 행복하다
Overall, I am very **happy with my life** and what I do.
전반적으로 저는 제 삶과 제가 하고 있는 것들이 아주 행복합니다.

아래 해석을 활용하여 나만의 답변을 완성해 보세요.

TRANSLATION

안녕하세요. 제 이름은 _____ 이고 저는 _____ 살 입니다.
저는 현재 S전자에서 연구원으로 일하고 있습니다.
이 회사에서 5년 째 일하고 있습니다.

저는 뭐든지 열심히 하고 추진력이 있는 편입니다.
또 저는 책임감이 아주 강하고 항상 꼼꼼한 편입니다.
그리고 저는 무엇을 하든지 최선을 다합니다.
다음으로 저는 누구와도 잘 지내는 편이고 친구가 아주 많습니다.

게다가 저는 아주 활동적인 사람입니다. 야외 활동을 좋아합니다.
취미에 있어서는, 때때로 여행 떠나는 것을 좋아합니다.
자전거 타는 것도 좋아하고 고급 레스토랑에서 외식하는 것도 좋아합니다.

전반적으로 저는 제 삶과 제가 하고 있는 것들이 아주 행복합니다.

Level-Up! 한국인의 말하기 취약점 분석

자기 소개 형용사가 부족하다.

본인을 묘사할 때 필요한 형용사와 관련 표현들이 부족해서 자기소개가 천편일률적인 내용이 되는 경우가 많다. 다음 성격 묘사 형용사와 표현들, 그리고 취미 생활 관련된 표현들을 숙지하여, 고퀄의 차별화된 자기 소개를 준비하는 것이 좋다. 더불어, 자기 성격 등을 묘사하는 열거형 답변에서는 Next, Plus, Also, And then 등의 연결어 들을 골고루 사용하는 것이 좋다.

성격 묘사

+ First of all   + And then   + Plus   + Also   + Last of all
+ 우선   + 그리고   + 게다가   + 또   + 마지막으로

I think I have a positive mindset.
제 생각에 저는 긍정적인 가치관을 가지고 있는 것 같습니다.

I'm very hard-working.
저는 정말 뭐든지 열심히 하는 성격입니다.

I always like to be proactive.
저는 항상 시키기 전에 제가 알아서 하는 편입니다.

I like to take the initiative.
저는 추진력이 있는 편입니다.

I am quite honest and I'm not good at lying.
저는 정직한 편이고 거짓말을 잘 못하는 성격입니다.

I am quite straightforward.
저는 할말은 하는 성격입니다.

I always give it my all in whatever I do.
저는 뭐든지 최선을 다 합니다.

I think I'm a trustworthy person.
제 생각에 저는 믿을 만한 사람입니다.

I have a strong sense of responsibility.
저는 책임감이 강한 편입니다.

I always pay attention to detail.
저는 항상 꼼꼼합니다.

I am very punctual.
시간을 칼 같이 지킵니다.

I don't like to put things off.
일을 미루는 것을 싫어합니다.

I am very laid-back.
저는 여유 있는 성격입니다.

I am a people person.
저는 누구하고나 잘 지냅니다.

> **취미 묘사**

I am not an active person.
저는 그다지 활동적인 편이 아닙니다.

I like to stay indoors.
저는 집에 있는 것을 좋아합니다.

I don't like to go out that often.
밖에 나가는 것을 별로 좋아하지 않습니다.

+ **I like to watch baseball (soccer) games.**
야구경기(축구경기) 보는 것을 좋아합니다.

+ **I like to play games on my phone.**
휴대전화로 게임 하는 것을 좋아합니다.

+ **I like to cook at home.**
집에서 요리하는 것을 좋아합니다.

+ **I like to take pictures and post them up on Facebook.**
사진을 찍고 페이스북에 올리는 것을 좋아합니다.

+ **I like to play the piano.**
피아노 치는 것을 좋아합니다.

+ **I like to listen to music.**
음악 듣는 것을 좋아합니다.

I am a very active person.
저는 아주 활동적인 편입니다.

I like to do outdoor activities.
야외 활동 하는 것을 좋아합니다.

+ I like to play soccer (baseball).   + I like to go bowling.
+ I like to go hiking.   + I like to go camping.
+ I like to go on trips.   + I like to go mountain climbing.
+ I take dance classes.   + I do yoga at home.
+ I like to run the marathon.   + I like to ride bikes.
+ I like to work out at the gym. I do cardio and do weights.
+ I like to go out to eat at fancy restaurants with my friends.
+ I like to go watch movies (plays / musicals).

+ 축구(야구) 하는 것을 좋아합니다.   + 볼링 치는 것을 좋아합니다.
+ 등산 가는 것을 좋아합니다.   + 캠핑 가는 것을 좋아합니다.
+ 여행 다니는 것을 좋아합니다.   + 암벽 등반하는 것을 좋아합니다.
+ 춤 수업을 듣습니다.   + 집에서 요가를 합니다.
+ 마라톤 하는 것을 좋아합니다.   + 자전거 타는 것을 좋아합니다.
+ 헬스장에서 운동 하는 것을 좋아합니다. 유산소 운동도 하고 근력운동도 합니다.
+ 친구들과 고급 레스토랑에서 외식하는 것을 좋아합니다.
+ 영화(연극/뮤지컬)보러 가는 것을 좋아합니다.

Chapter 02

선택형 주제 |
HOUSING
집

● 주제에 알맞은 다양한 문항 유형을 알아보세요.

묘사	나의 집 묘사		일과	집에서 하는 일과

비교	과거/현재 비교		변화 서술	집에 준 변화

 다음 질문을 듣고 질문의 키워드를 확인해 보세요.  Ch02-Q1~4

1 Int 나의 집 묘사

I would like to know where you live. Describe your house in detail. What does it look like? How many rooms do you have? What kind of furniture do you have? Which is your favorite room at home? What do you mostly do there? Why do you like that room?

당신이 어디에 사는지 알고 싶습니다. 당신의 집을 자세히 묘사해 주십시오. 어떻게 생겼습니까? 방은 몇 개 입니까? 어떤 가구가 있습니까? 어떤 방을 가장 좋아하십니까? 그 곳에서 주로 무엇을 합니까? 그 방을 왜 좋아합니까?

2 Int 집에서 하는 일과

Now, tell me about the things that you do at home. What are some daily routines you engage in? What is special about each activity? Give me all the details.

이제 집에서 하는 것들에 대해 말해주십시오. 매일 하는 일상에는 어떤 것들이 있습니까? 각 활동들이 특별한 이유는 무엇입니까? 자세히 말해주십시오.

3 Adv 어렸을 때 집과 지금 집 비교

Tell me about the house or apartment you lived in when you were a child. How was it different from the one you live in now? What are the differences and the similarities?

어렸을 때 살았던 아파트나 집에 대해서 알려주십시오. 지금 살고 있는 집과 어떻게 달랐습니까? 유사점과 차이점이 무엇입니까?

4 Adv 집에 준 변화 묘사

Tell me about a change you made to your home. What was the change and why did you make that change? How did your home look like afterwards? Give me all the details.

당신이 집에 준 변화에 대해 말해주십시오. 어떤 것이 변했으며 왜 바꿨습니까? 그 후 집이 어떻게 변했습니까? 자세히 말해주십시오.

Q1 실전문제 연습하기

Int 나의 집 묘사

I would like to know where you live. Describe your house in detail. What does it look like? How many rooms do you have? What kind of furniture do you have? Which is your favorite room at home? What do you mostly do there? Why do you like that room?

Model Answer

  Ch02-A1

I live in a three-bedroom apartment with my family.
+ I live in a two-bedroom house with my brother (roommate).
+ I live in a studio by myself.

I have lived in this apartment for five years
+ I have lived in this house for several years.
+ I have lived in this studio for a year and a half.

There is the living room, the kitchen, the bathroom and the balcony.
The living room is connected to the kitchen.
There is the utility room next to the kitchen.
My home is the best place to get some rest.
I can wind down and relax when I get home.
I can do almost everything at home.
I can get some sleep, study, listen to music, or surf the internet.
I can also watch TV, read books, watch movies, or play games.
Overall, I really like my home.

CORE EXPRESSIONS

- the living room 거실
- the bathroom 화장실
- be connected to ~에 연결되어 있다
- get some sleep 잠을 청하다
- wind down and relax 긴장을 풀고 쉬다
- the kitchen 부엌
- the balcony 베란다
- get some rest 휴식을 취하다
- get home 집에 도착하다

Point Up!

❶ `합성어` **three-bedroom** 방 3개가 있는
I live in a **three-bedroom** apartment with my family.
저는 방3개 짜리 아파트에 가족과 함께 살고 있습니다.

❷ `현재 완료` **have lived** 살아 왔다
I **have lived** in this apartment for five years
저는 이 아파트에 5년 째 살고 있습니다.

❸ `수동태` **is connected to** ~에 연결되어 있다
The living room **is connected to** the kitchen.
거실은 부엌과 연결되어 있습니다.

❹ `관용 문구` **get some rest** 휴식을 취하다
My home is the best place to **get some rest**.
제 집은 휴식을 취하기에 최적의 장소 입니다.

❺ `관용 문구` **wind down and relax** 긴장 풀고 쉬다
I can **wind down and relax** when I get home.
집에 오면 긴장을 풀고 쉴 수 있습니다.

아래 해석을 활용하여 나만의 답변을 완성해 보세요.

TRANSLATION

저는 방 3개 짜리 아파트에 가족과 함께 살고 있습니다.
　　　　　✚ 저는 남동생(룸메이트)과 방 2개짜리 주택에 삽니다.
　　　　　✚ 저는 원룸에 혼자 사춰합니다.
저는 이 아파트에 5년 째 살고 있습니다.
　　　　　✚ 저는 이 주택에 몇 년 째 살고 있습니다.
　　　　　✚ 저는 이 원룸에 1년 반 째 살고 있습니다.
그 곳에는 거실도 있고 부엌, 화장실 그리고 발코니도 있습니다.
거실은 부엌과 연결되어 있습니다.
다용도실은 부엌 옆에 있습니다.
제 집은 휴식을 취하기에 최적의 장소 입니다.
집에 오면 긴장을 풀고 쉴 수 있습니다.
집에서는 거의 모든 일을 할 수 있습니다.
잠을 자거나, 공부를 하고, 음악도 듣고, 웹 서핑을 하기도 합니다.
더불어, 텔레비전을 보고, 책을 읽거나 영화를 보고 게임을 하기도 합니다.
전반적으로 저는 우리 집을 정말 좋아합니다.

Q2 실전문제 연습하기

> **Int** 집에서 하는 일과
>
> Now, tell me about the things that you do at home. What are some daily routines you engage in? What is special about each activity? Give me all the details.

 Model Answer  Ch02-A2

I like to keep my place nice and clean.
I clean the house as often as I can.
First, I open all the windows. Next, I vacuum and mop the floors.
I also dust the furniture with a rag quite often.
Plus, I clean the bathroom whenever I can.
I spray water on the floors and wash the toilet with a brush.

Also, I do the laundry almost every week.
I separate the whites and the colors.
And then, I throw my laundry in the washer.
When it's done, I hang-dry the laundry on the laundry rack.
Last of all, I fold the laundry and put them in the dresser.

Last of all, I take out the garbage every other day.
I also take out the food waste separately.
Overall, these are some of the daily routines I do at home.

CORE EXPRESSIONS

- as often as I can 할 수 있는 한 자주
- dust the furniture 가구 먼지를 털어내다
- wash the toilet 변기를 닦다
- the whites and the colors 흰 빨래와 색깔 빨래
- hang-dry the laundry 빨래를 널어 말리다
- fold the laundry 빨래를 개다
- take out the food waste 음식물 쓰레기를 내다버리다
- whenever I can 할 수 있을 때 마다
- vacuum and mop 진공청소하고 걸레질하다
- do the laundry 빨래를 하다
- the washer 세탁기
- the laundry rack 빨래 건조대
- take out the garbage 쓰레기를 내다 버리다
- daily routines 일상사

Point Up!

❶ 빈도 구문 **as often as I can** 최대한 자주

I clean the house **as often as I can**.
나는 집을 최대한 자주 청소한다.

❷ 복합관계부사 **whenever I can** 할 수 있을 때마다

I clean the bathroom **whenever I can**.
나는 화장실 청소를 할 수 있을 때마다 한다.

❸ 합성어 **hang-dry** 널어 말리다

I hang-dry the laundry on the laundry rack.
나는 빨래 건조대에 빨래는 널어 말린다.

❹ 관용 문구 **take out the garbage** 쓰레기를 내다 버리다

I **take out the garbage** every other day.
나는 이틀에 한번 꼴로 쓰레기를 내다 버린다.

❺ 관용 문구 **daily routines** 일상사

These are some of the **daily routines** I do at home.
이것들이 내가 집에서 하는 일과들이다.

아래 해석을 활용하여 나만의 답변을 완성해 보세요.

TRANSLATION

저는 방을 깔끔하고 깨끗하게 유지하는 것을 좋아합니다.
할 수 있는 한 자주 집 청소를 합니다.
먼서 모든 창문을 엽니다. 그리고 진공 청소기를 돌리고 바닥을 닦습니다.
또한 가구의 먼지를 먼지떨이로 자주 제거합니다.
뿐만 아니라, 저는 할 수 있을 때마다 화장실 청소를 합니다.
바닥에 물을 뿌리고 솔로 변기를 닦습니다.

그리고 저는 거의 매주 빨래를 합니다.
흰 빨래들과 색이 있는 것들을 나눕니다.
그리고 나서 빨랫감을 세탁기에 넣습니다.
세탁기가 다 돌아가면 건조대에 빨래를 널어 말립니다.
마지막으로 빨래를 개고 옷장에 집어 넣습니다.

마지막으로 저는 이틀에 한 번 꼴로 쓰레기를 내다 버립니다.
음식물 쓰레기도 별도로 내다 버립니다.
전반적으로 이러한 일들이 집에서 제가 하는 일과 입니다.

Q3 실전문제 연습하기

Int 어렸을 때 집과 지금 집 비교

Tell me about the house or apartment you lived in when you were a child. How was it different from the one you live in now? What are the differences and the similarities?

Model Answer

Ch02-A3

I remember living in a two-story house in my teenage years.
We had a front yard and I used to play there all the time with my brother.
I have many pleasant memories of that house.
I spent most of my teenage years there.

But now, I live in a high-rise apartment. I live on the 12th floor.
My apartment is in a large apartment complex.
There is a playground for kids in front of our building.
There is also a small park nearby where we can take walks.
There is a small supermarket nearby.

We have neighbors next door, so we try to keep it down at night.
  + I know my neighbors next door very well.
  + I don't know my neighbors that well.
Plus, the view from my apartment is very nice.
It is a lot better than the view I used to have.
  + The view I used to have is a lot better than the view I have now.

CORE EXPRESSIONS

- two-story house 2층 주택
- all the time 항상
- high-rise apartment 고층 아파트
- take walks 산책을 하다
- have neighbors next door 옆집에 이웃이 있다
- the view from my apartment 아파트에서의 전망
- in my teenage years 중고등학교 시절
- have many pleasant memories 좋은 추억이 많다
- apartment complex 아파트 단지
- nearby 근처에
- keep it down 조용히 하다

Point Up!

❶ 합성어 two-story house 2층 집
I remember living in a two-story house in my teenage years.
제가 중고등학교 시절, 2층 집에 살았던 것을 기억합니다.

❷ 합성어 used to ~하곤 했었다
I used to play there all the time with my brother.
남동생과 거기서 항상 놀곤 했습니다.

❸ 합성어 high-rise apartment 고층 아파트
I live in a high-rise apartment.
지금은 고층 아파트에 삽니다.

❹ 합성어 where ~에서 할 수 있는
There is a small park nearby where we can take walks.
산책할 수 있는 작은 공원도 근처에 있습니다.

❺ 합성어 keep it down 조용히 하다
We try to keep it down at night.
밤에는 조용히 하려고 노력합니다.

아래 해석을 활용하여 나만의 답변을 완성해 보세요.

TRANSLATION

제가 중고등학교 시절, 2층 집에서 살았던 것을 기억합니다.
앞마당이 있었고 남동생과 거기서 항상 놀곤 했습니다.
그 집의 좋은 기억들이 정말 많습니다
제 중고등학교 시절 대부분을 거기서 보냈습니다.

하지만 지금은 고층 아파트에 삽니다. 12층에 살고 있습니다.
아파트는 큰 아파트단지 안에 있습니다.
건물 앞에는 아이들을 위한 놀이터도 있습니다.
산책할 수 있는 작은 공원도 근처에 있습니다.
작은 슈퍼마켓도 가까이 있습니다.

옆집에 이웃들이 살기 때문에 밤에는 조용히 하려고 노력합니다.
　　　　　＋ 저는 옆집의 이웃과 잘 아는 사이입니다.
　　　　　＋ 저는 옆집의 이웃을 잘 알지는 못합니다.
그리고 집에서의 전망이 아주 좋습니다.
예전 주택에 살 때와 비교하면 훨씬 더 좋은 전망입니다.
　　　　　＋ 예전에 살 때의 전망이 지금보다 훨씬 좋습니다.

Q4 실전문제 연습하기

> **Int 집에 준 변화**
>
> **Tell me about a change you made to your home.** What was the change and why did you make that change? How did your home look like afterwards? Give me all the details.

Model Answer

I remember renovating our house when we were moving in.
We got some help from a renovation company.
　　　　+ We did the renovation by ourselves.
First, they redid the floors and the walls.
The renovation took one week to finish.
After they were done, the apartment looked brand new.
We were very happy with the new look. It was worth the money.

Plus, we bought some new furniture and curtains for the house.
We also bought a new sofa and a dinner table.
And then, we rearranged the furniture in the house.
　　　　+ We bought some plants for the house.
　　　　+ We bought a new fish tank.
　　　　+ We bought some pictures and put them up on the wall.
　　　　+ We took a family picture and put it up on the wall in the living room.
Overall, these are the changes I remember.

CORE EXPRESSIONS

- renovate 리모델링하다
- move in 이사 오다
- redo the floors and the walls 바닥과 벽을 다시 하다
- the new look 새로 단장한 모습
- rearrange the furniture 가구를 재배치하다
- a new fish tank 새로운 어항
- renovation 리모델링
- get some help 도움을 받다
- look brand new 완전히 새로워 보이다
- be worth the money 돈이 아깝지 않다
- buy some plants 화분을 사다

Point Up!

❶ 합성어 move in 이사 오다
I remember renovating our house when we were moving in.
나는 입주 할 때 집을 리모델링 했던 기억이 난다.

❷ 특수 동사 redo 다시 하다
They redid the floors and the walls.
나는 바닥과 벽을 다시 했다.

❸ 관용 문구 look brand new 완전히 새로운
The apartment looked brand new.
아파트가 완전히 새 거처럼 보였다.

❹ 관용 문구 worth the money 돈이 아깝지 않은
It was worth the money.
돈이 아깝지 않았다.

❺ 특수 동사 rearrange 재배치하다
We rearranged the furniture in the house.
우리는 집에 가구를 재배치 했다.

아래 해석을 활용하여 나만의 답변을 완성해 보세요.

TRANSLATION

입주를 할 때 집을 리모델링 했던 기억이 납니다.
전문 수리 업체의 도움을 받았습니다.
　　　　　＋ 직접 리모델링을 했습니다.
먼저 바닥과 벽지를 다시 했습니다.
리모델링을 마치는데 1주일 정도 소요되었습니다.
다 마치고 나자, 아파트가 완전히 새 집처럼 보였습니다.
새 단장한 모습이 너무 마음에 들었고요. 돈이 아깝지 않았습니다.

뿐만 아니라, 집에 새 가구와 커튼도 샀습니다.
새 소파와 식탁도 샀습니다.
그리고 나서, 집 안의 가구들을 재배치 했습니다.
　　　　　　＋ 집에 화분들을 좀 샀습니다.
　　　　　　＋ 새 어항도 샀습니다.
　　　　　　＋ 액자들을 좀 사고 벽에다 걸었습니다.
　　　　　　＋ 가족사진을 찍어서 거실 벽에 걸었습니다.
이것들이 제가 기억하는 변화입니다.

Level-Up! 한국인의 말하기 취약점 분석

현재 완료가 취약하다.
[have + 과거분사] ~해왔다

현재 완료 시제는 오픽에서 최상위 등급을 받는데 큰 도움이 된다. 현재 사실을 서술하는 능력을 IM으로 본다면, 과거와 과거 진행형은 IH, 마지막으로 과거부터 현재까지 연속적인 상황을 묘사하는 현재 완료 시제는 AL의 기본 요건 중에 하나이다. IM을 목표로 하고 있더라도, 현재 완료 시제의 정확한 사용은 등급을 상향 조정시키는 요인으로 작용한다.

I **have lived** in this apartment for five years
나는 이 아파트에 5년 째 살고 있습니다.

I **have had** this phone for two years now.
나는 이 휴대폰을 2년 째 쓰고 있습니다.

Transportation **has gotten** much faster than in the past.
교통 수간은 예전에 비해서 훨씬 빨라졌습니다.

QUIZ

I _____ this bed for five years.
나는 이 침대를 5년 동안 쓰고 있다.

Phones _____ a lot in the last 20 years.
지난 20년 간 전화는 많이 변화했다.

Korean movies _____ much better than in the past.
한국 영화는 과거에 비해 많이 나아졌다.

ANSWERS have had / have changed / have become

Chapter 03

선택형 주제 |
MUSIC 음악 감상

● 주제에 알맞은 다양한 문항 유형을 알아보세요.

서술	좋아하는 음악 장르, 좋아하는 가수
서술	음악을 언제 어디서 듣는지
과거 경험	라이브 음악 들었던 경험
변화 서술	좋아하는 음악 취향의 변화

 다음 질문을 듣고 질문의 키워드를 확인해 보세요.  Ch03-Q1~4

1 Int 좋아하는 음악 장르, 좋아하는 가수

You indicated that you like to listen to music. What type of music do you like listening to? Plus, who is your favorite singer or composer? Why do you like their work?

음악 듣는 것을 좋아한다고 하셨습니다. 어떤 종류의 음악을 듣는 것을 좋아하십니까? 또 가장 좋아하는 가수나 작곡가는 누구입니까? 왜 그들의 작품을 좋아하십니까?

2 Int 음악을 언제 어디서 듣는지, 왜 듣는지

When and where do you like to listen to music? Why do you listen to music? Give me all the details.

언제, 어디서 음악 듣는 것을 좋아하십니까? 왜 음악을 듣습니까? 자세히 말해주십시오.

3 Adv 라이브 음악 들었던 경험

Tell me about a time when you listened to some live music. Perhaps it was at a concert or a live café. What was the mood like and how did you like the music you listened to there?

라이브 음악을 들었던 경험에 대해 이야기해 주십시오. 아마 콘서트나 라이브 카페일 것입니다. 분위기가 어땠는지, 그리고 그곳에서 들은 음악이 어땠는지 말해주십시오.

4 Adv 음악을 처음 즐기게 된 계기, 취향의 변화

How did you first get interested in music? What kind of music did you listen to when you were young? How was that music different from the music you listen to today? How has your interest in music changed over the years?

어떻게 처음 음악을 즐기게 되셨습니까? 어렸을 때 어떤 음악을 들었습니까? 어릴 적 듣던 음악이 요즘 듣는 음악과 어떻게 다릅니까? 음악에 대한 흥미가 몇 년 간 어떻게 바뀌었습니까?

Q1 실전문제 연습하기

> **Int 좋아하는 음악 장르, 좋아하는 가수**
> You indicated that you like to listen to music. What type of music do you like listening to? Plus, who is your favorite singer or composer? Why do you like their work?

 **Model Answer**  Ch03-A1

I personally like a Korean singer called 이승철 and his music.
He is one of the most well-known singers in Korea. He has tons of hit songs.
　　+ Among his songs, "Never Ending Story" and "희야" are my favorites.
　　+ He has many concerts and many people go to his concert.
　　+ He is an amazing singer.
Another band I like is Maroon 5. They are one of the biggest groups in the world.
They have a lot of fans worldwide.
　　+ Among their songs, "Sugar" and "Payphone" are my favorites.
　　+ They released a new single recently.
　　+ It was a big hit.
　　+ Among the members, I like the main vocalist Adam Levine the best.
　　+ He has a very nice and unique voice.
　　+ He is very good-looking.
I like their songs because of the catchy melody and the lyrics.
Both 이승철 and Maroon 5 are very popular, but their music is different (similar).
They both have fans in all age groups.
　　+ The fans of _____ are a little younger.
　　+ Their fans are mostly girls (guys).
I hope they both become bigger singers in the future.

CORE EXPRESSIONS

- personally 개인적으로
- tons of 엄청 많은
- worldwide 전세계적으로
- big hit 큰 성공
- good-looking 잘 생긴
- catchy 기억하기 쉬운, 귀에 쏙 들어오는
- well-known 잘 알려진
- amazing 환상적인
- release a new single 새로운 싱글을 발표하다
- unique 독특한
- lyrics 가사
- in all age groups 모든 연령대에

Point Up!

❶ 〔합성어〕 **well-known** 잘 알려진
He is one of the most well-known singers in Korea.
그는 한국에서 가장 유명한 가수 중 한 명 입니다.

❷ 〔관용 문구〕 **tons of** 엄청 많은
He has tons of hit songs.
그는 히트곡이 엄청 많답니다.

❸ 〔최상급〕 **one of the biggest groups** 가장 유명한 그룹 중 하나
They are one of the biggest groups in the world.
그들은 세계적으로 가장 유명한 그룹 중 하나에요.

❹ 〔형용사〕 **catchy** 기억하기 쉬운, 귀에 쏙 들어오는
I like their songs because of the catchy melody and the lyrics.
저는 귀에 쏙 들어오는 멜로디와 가사 때문에 그들의 노래를 좋아합니다.

❺ 〔관용 문구〕 **in all age groups** 모든 연령대의
They both have fans in all age groups.
둘 다 모든 연령대의 팬을 보유하고 있습니다.

아래 해석을 활용하여 나만의 답변을 완성해 보세요.

TRANSLATION

저는 개인적으로 이승철이라는 한국 가수와 그의 음악을 좋아합니다.
그는 한국에서 가장 유명한 가수 중 한 명 입니다. 그는 히트곡이 엄청 많답니다.
  + 그의 노래 중에 "네버엔딩스토리"와 "희야"라는 곡을 제일 좋아합니다.
  + 그는 콘서트를 많이 하고 많은 사람들이 그의 콘서트에 갑니다.
  + 그는 정말 멋진 가수입니다.
제가 좋아하는 다른 가수는 마룬 5라는 밴드입니다. 그들은 세계적으로 가장 유명한 밴드 중 하나에요.
그들은 세계 곳곳에 많은 팬들을 가지고 있습니다.
  + 그들의 노래 중 "슈가"와 "페이폰"이라는 곡을 가장 좋아합니다.
  + 그들은 최근에 새 싱글을 발표했어요.
  + 아주 히트를 쳤습니다.
  + 밴드 멤버 중에서 저는 메인 보컬리스트인 애덤 리바인을 가장 좋아합니다.
  + 그는 아주 멋지고 독특한 목소리를 가지고 있습니다.
  + 그는 아주 잘생겼습니다.
저는 귀에 쏙 들어오는 멜로디와 가사 때문에 그들의 노래를 좋아합니다.
이승철과 마룬 5 둘 다 인기가 대단하지만, 그 둘의 음악은 다릅니다 (비슷합니다).
둘 다 모든 연령대의 팬을 보유하고 있습니다.
  + _____의 팬 층이 조금 더 어린 편입니다.
  + 그들의 팬은 거의 여자들(남자들) 입니다.
두 가수 모두 앞으로 더 큰 가수가 되었으면 좋겠습니다.

Q2 실전문제 연습하기

Int 음악을 언제 어디서 듣는지

When and where do you like to listen to music? Why do you listen to music? Give me all the details.

Model Answer

I think I listen to music on the move.
I always have my cell phone on me, so I can listen to music wherever I am.
+ I **plug in** my earphones on the subway or the bus.
+ I listen to music when I'm walking on the street.
Plus, I have some music on in the car when I'm driving.
+ Plus / Also / Next / And then
+ I listen to music when I'm down or when I'm bored.
+ I like to listen to music when I'm studying or reading a book.
+ I like to listen to music when I'm working out at the gym.
+ I have some music on when I'm doing housework.
+ I have some music on when I go to sleep.
Last of all, when I have to concentrate on something at a noisy place, I normally listen to music.
Overall, I listen to music wherever I am, whenever I want to.

CORE EXPRESSIONS

- on the move 이동 중에
- plug in 꽂다
- be down 기분이 우울하다
- work out 운동하다
- do housework 집안일을 하다
- last of all 마지막으로
- overall 전반적으로

- wherever I am 어디든지
- have music on 음악을 듣다
- be bored 심심하다
- gym 체육관, 헬스장
- normally 보통
- concentrate 집중하다
- whenever I want to 원할 때 언제든지

Point Up!

❶ 관용 문구 on the move 이동 중에
I think I listen to music on the move.
저는 이동 중에 음악을 듣는 것 같습니다.

❷ 복합관계부사 wherever I am 내가 어디에 있든지
I can listen to music wherever I am.
내가 어디에 있든지 음악을 들을 수 있습니다.

❸ 관용 문구 have some music on 음악을 듣다
I have some music on in the car when I'm driving.
그리고 운전할 때 차에서 음악을 듣습니다.

❹ 연결어 last of all 마지막으로
Last of all, when I have to concentrate on something at a noisy place, I normally listen to music.
마지막으로, 시끄러운 장소에서 무엇인가에 집중해야 할 때 저는 보통 음악을 듣습니다.

❺ 복합관계부사 wherever I am, whenever I want to 원하면 언제 어디서든지
I listen to music wherever I am, whenever I want to.
저는 제가 원하면 언제 어디서든지 음악을 듣습니다.

아래 해석을 활용하여 나만의 답변을 완성해 보세요.

TRANSLATION

저는 이동 중에 음악을 듣는 것 같습니다.
항상 휴대전화를 소지하고 있기 때문에 내가 어디에 있든지 음악을 들을 수 있습니다.
　　　　　+ 지하철이니 버스에서는 이어폰을 꽂습니다.
　　　　　+ 길을 걸을 때에 음악을 듣습니다.
그리고 운전할 때 차에서 음악을 듣기도 합니다.
　　　　　　+ 연결어 사용 (Plus, Also, Next, And then)
　　　　　　+ 우울하거나 지겨울 때 음악을 듣습니다.
　　　　　　+ 공부를 하거나 책을 읽을 때에도 음악을 듣습니다.
　　　　　　+ 헬스장에서 운동을 할 때에도 음악을 듣습니다.
　　　　　　+ 집안일을 할 때 음악을 듣습니다.
　　　　　　+ 잠자리에 들 때 음악을 듣습니다.
마지막으로, 시끄러운 장소에서 무엇인가에 집중해야 할 때 저는 보통 음악을 듣습니다.
정리하자면, 저는 제가 원하면 언제 어디서든지 음악을 듣습니다.

Q3 실전문제 연습하기

Int 라이브 음악 들었던 경험

Tell me about a time when you listened to some live music. Perhaps it was at a concert or a live café. What was the mood like and how did you like the music you listened to there?

 Model Answer  Ch03-A3

I remember going to a concert with my wife (husband) three years ago.
It was a concert by a Korean singer (group) called 이승철.
He is one of the most famous singers in Korea.
  + It was a jazz (rock) music festival.
  + Many singers came to perform.
The overall mood of the concert was very lively.
The fans were screaming throughout the concert.
이승철 sang a lot of his hit-songs.
There were many special effects that made the concert spectacular.
The concert venue was packed with people.
In fact, the concert was sold-out.
Looking back, it was one of the best concerts I have been to.
It was worth the money.
I hope to go again if there is a chance.

CORE EXPRESSIONS

- overall mood 전반적인 분위기
- throughout the concert 콘서트 내내
- spectacular 화려한
- be packed with 붐비다, 꽉 차다
- looking back 되돌아 보니, 돌이켜보면
- lively 생기 넘치는
- special effect 특수 효과
- Concert venue 공연장
- sold-out 매진
- be worth the money 돈이 아깝지 않다

Point Up!

❶ 최상급 one of the most famous singers 가장 유명한 가수 중 한 명
He is one of the most famous singers in Korea.
한국에서 가장 유명한 가수 중 한 명입니다.

❷ 관용 문구 be packed with 꽉 차다
The concert venue was packed with people.
콘서트장은 사람들로 꽉 찼습니다.

❸ 합성어 sold-out 매진
In fact, the concert was sold-out.
실제로 공연은 매진이 되었습니다.

❹ 연결어 looking back 되돌아 보니, 돌이켜보면
Looking back, it was one of the best concerts I have been to.
돌이켜보면 그 콘서트는 제가 갔던 최고의 콘서트 중의 하나였던 것 같습니다.

❺ 관용 문구 worth the money 돈이 아깝지 않은
It was worth the money.
돈이 아깝지 않았습니다.

아래 해석을 활용하여 나만의 답변을 완성해 보세요.

TRANSLATION

3년 전에 제 아내(남편)와 콘서트 다녀온 것이 기억납니다.
이승철 이라는 한국 가수(그룹) 콘서트였습니다.
그는 한국에서 가장 유명한 가수 중 한 명입니다.
　　　　　+ 재즈(락) 음악 페스티벌이었습니다.
　　　　　+ 많은 가수들이 공연을 하러 왔습니다.
전반적인 콘서트의 분위기는 매우 생기 넘쳤습니다.
팬들은 콘서트 내내 소리를 질렀습니다.
이승철은 많은 히트곡을 불렀습니다.
콘서트를 더 화려하게 만드는 특수효과도 많았습니다.
공연장은 사람들로 꽉 찼습니다.
실제로 공연은 매진이 되었습니다.
돌이켜보면 그 콘서트는 제가 갔던 최고의 콘서트 중의 하나였던 것 같습니다.
돈이 아깝지 않았습니다.
기회가 된다면 다시 한번 가고 싶습니다.

Q4 실전문제 연습하기

Int 음악을 처음 즐기게 된 계기, 취향의 변화

How did you first get interested in music? What kind of music did you listen to when you were young? How was that music different from the music you listen to today? How has your interest in music changed over the years?

Model Answer   Ch03-4

In my teenage years, I used to listen to a Korean group called 서태지와 아이들 a lot.
They were sensational and everyone listened to their songs.
  + They were legendary in Korea back then.
  + The members were all very good singers, dancers, and rappers.
But as I got older, I started to listen to various types of music.
Sometimes, I feel like listening to soft and quiet music.
These songs help me wind down and relax.
  + For instance, I like to listen to _____'s songs.
  + I like to listen to his songs when I'm studying.
On the other hand, I feel like listening to fast and upbeat music from time to time.
These types of songs make me feel good and keep me awake.
  + For example, I like to listen to _____'s songs.
  + I like to listen to their songs when I'm down or gloomy.

Overall, I think I listen to a bigger variety of songs as I get older.

CORE EXPRESSIONS

- in my teenage years 중고등학교 시절에
- legendary 전설적인
- wind down and relax 긴장을 풀고 쉬다
- upbeat music 경쾌한 음악
- be down 기분이 울적하다
- variety 여러 가지, 각양 각색

- sensational 선풍적인 인기를 누리는
- various types of music 다양한 종류의 음악
- on the other hand 반면에
- from time to time 가끔, 때때로
- be gloomy 마음이 울적하다

Point Up!

❶ 조동사 **used to** ～하곤 했었다
I used to listen to a Korean group called 서태지와 아이들 a lot.
서태지와 아이들이라는 한국 그룹의 노래를 정말 많이 듣곤 했습니다.

❷ 관용 문구 **as I got older** 나이가 들면서
But as I got older, I started to listen to various types of music.
그러나 저는 나이가 들면서, 다양한 종류의 음악을 듣기 시작했습니다.

❸ 관용 문구 **wind down and relax** 긴장 풀고 쉬다
These songs help me wind down and relax.
이런 음악들은 긴장을 풀고 쉬는데 도움을 줍니다.

❹ 연결어 **on the other hand** 반면에
On the other hand, I feel like listening to fast and upbeat music from time to time.
반면에 가끔은 빠르고 경쾌한 음악을 듣고 싶은 기분이 들 때도 있습니다.

❺ 빈도 문구 **from time to time** 가끔, 때때로
On the other hand, I feel like listening to fast and upbeat music from time to time.
반면에 가끔은 빠르고 경쾌한 음악을 듣고 싶은 기분이 들 때도 있습니다.

아래 해석을 활용하여 나만의 답변을 완성해 보세요.

TRANSLATION

저는 중고등학생 때, 서태지와 아이들이라는 한국 그룹의 노래를 정말 많이 듣곤 했습니다.
그 그룹은 선풍적인 인기를 누렸고 모두가 그들의 노래를 들었습니다.
　　　＋ 그 때는 거의 한국의 전설이었습니다.
　　　＋ 멤버들은 모두 훌륭한 가수, 댄서, 래퍼였습니다.
그러나 저는 나이가 들면서 다양한 종류의 음악을 듣기 시작했습니다.
가끔씩은 잔잔하고 조용한 노래를 듣고 싶을 때가 있습니다.
이런 음악들은 긴장을 풀고 쉬는데 도움을 줍니다.
　　　＋ 예를 들면 저는 _____의 노래를 듣는 것을 좋아합니다.
　　　＋ 공부할 때 그의 음악을 듣는 것을 좋아합니다.
반면에 가끔은 빠르고 경쾌한 음악을 듣고 싶은 기분이 들 때도 있습니다.
이런 음악들은 기분을 좋게 해주고 잠이 들지 않도록 해준답니다.
　　　＋ 예를 들어, _____의 노래를 듣는 것을 좋아합니다.
　　　＋ 우울하거나 축 쳐져 있을 때 그들의 노래를 듣는 것을 좋아합니다.
다시 말하자면, 제가 나이가 들면서 더 다양한 종류의 음악을 듣는 것 같습니다.

Level-Up! 한국인의 말하기 취약점 분석

관용 문구가 부족하다.
[전치구]의 강화!

우리말에 "고전을 면치 못하다"와 같은 관용 문구들이 있듯이, 영어에도 관용적으로 호응관계로 쓰이는 문구들이 있다. 이들 문구들은 주제와 연계해서 자주 사용되는 것이 사실이다. 한국의 말하기 특징 중에 이러한 관용 문구가 부족하여, 모든 주제에 비슷한 표현들을 사용하는 경우가 많다. 오픽의 CONTEXT AND CONTENT라는 평가 요소는 맥락에 맞는 표현들이 빈출 되어 쓰이는 정도를 가늠하는 기준으로 주제별 연관도가 높은 관용 문구들을 잘 숙지해야 오픽에서 고득점을 할 수 있다.

on the move 이동 중에
I like to listen to music **on the move**.
저는 이동 중에 음악 듣는 것을 좋아합니다.

on the phone 통화 중인
I was talking **on the phone**.
저는 통화 중이었습니다.

on the spot 즉석에서, 그 자리에서
Some people drink coffee **on the spot**.
어떤 사람들은 그 자리에서 커피를 마신다.
I can post pictures **on the spot**.
나는 그 자리에서 바로 사진을 올릴 수 있다.

QUIZ

I wasn't paying attention to my drink because I was talking _____.
나는 통화 중이어서 음료에 집중하지 않았다.

We sometimes drink it there _____.
우리는 가끔 그 자리에서 마신다.

I can get access to the internet _____.
나는 이동 중에 인터넷에 접속을 할 수 있다.

ANSWERS on the phone / on the spot / on the move

Chapter 04 DOMESTIC TRIPS 국내 여행

선택형 주제 |

● 주제에 알맞은 다양한 문항 유형을 알아보세요.

묘사	국내 여행 장소 묘사
서술	최근 방문했던 국내 여행지
과거 경험	국내 여행 중 기억에 남는 에피소드

다음 질문을 듣고 질문의 키워드를 확인해 보세요.

Ch04-Q1~3

1 Int 좋아하는 국내 여행 장소

You indicated that you like to go on trips domestically. Tell me about the place you like to visit the most. Why do you like to visit that place? Describe that location in as much detail as possible.

국내 여행 가는 것을 좋아한다고 하셨습니다. 가장 가기 좋아하는 곳에 대해 이야기해 주십시오. 왜 그 장소에 가는 것을 좋아하십니까? 가능한 자세히 그 장소를 묘사해 주십시오.

2 Int 최근 방문했던 국내 여행지에 가서 무엇을 했는지

Talk about a domestic trip you went on recently. What did you do? Who did you go with? Tell me everything that you did on that trip.

최근에 다녀온 국내 여행에 대해 이야기해 주십시오. 무엇을 했습니까? 누구와 함께 갔습니까? 여행에서 했던 모든 것을 말해주십시오.

3 Adv 국내 여행 중 기억에 남는 에피소드

Unexpected things can happen on trips. Talk about an unforgettable or memorable thing that happened on a trip you took domestically. Why was the experience special?

여행 중에는 기대치 않은 일이 발생할 수 있습니다. 국내 여행을 하던 중 발생한 잊을 수 없거나 기억에 남는 일에 대해 이야기해 주십시오. 왜 그 경험이 특별했나요?

Q1 실전문제 연습하기

Int 좋아하는 국내 여행 장소

You indicated that you like to go on trips domestically. Tell me about the place you like to visit the most. Why do you like to visit that place? Describe that location in as much detail as possible.

 Model Answer  Ch04-A1

Korea is a peninsula, so there are many beaches in our country.
Some beaches are popular vacation spots, and the coastline is very scenic.
People often go on vacations to coastal areas.
In fact, I went to the beach for my vacation with my family last year.

Next, there are many mountains in Korea.
In fact, 70 percent of Korea is mountains.
Many people like to go hiking or camping to the mountains.
I like to go hiking (go camping) off and on myself.

Also, there are many lakes and rivers in Korea.
There are riverside and lakeside resorts and hotels.
I also go to these places for my vacations from time to time.

CORE EXPRESSIONS

- peninsula 반도
- coastline 해안선
- go on a vacation 휴가를 가다
- go hiking 등산하다
- riverside 강가, 강변의
- from time to time 가끔, 때때로

- popular vacation spot 인기 휴양지
- scenic 경치가 좋은
- coastal area 해안 지역
- off and on 때때로, 가끔
- lakeside 호숫가

Point Up!

❶ 합성어 scenic 경치가 좋은
The coastline is very scenic.
해안선이 매우 아름답습니다.

❷ 관용 문구 go on vacations 휴가를 가다
People often go on vacations to coastal areas.
사람들은 해안 지역으로 휴가를 종종 떠납니다.

❸ 연결어 In fact 실제로
In fact, I went to the beach for my vacation with my family last year.
실제로 저는 작년에 가족과 함께 해변으로 휴가를 다녀왔습니다.

❹ 빈도 구문 off and on 때때로, 가끔
I like to go hiking (go camping) off and on myself.
저는 때때로 혼자서 등산하러 (캠핑을) 떠나는 것을 좋아합니다.

❺ 빈도 구문 from time to time 가끔, 때때로
I also go to these places for my vacations from time to time.
가끔 저도 이런 장소로 휴가를 보내러 갑니다.

아래 해석을 활용하여 나만의 답변을 완성해 보세요.

TRANSLATION

한국은 반도지형이기 때문에 우리나라에는 해변이 많이 있습니다.
몇몇 해변은 아주 인기 있는 휴양지이고, 해안선이 매우 아름답습니다.
사람들은 해안 지역으로 휴가를 종종 떠납니다.
실제로 저는 작년에 가족과 함께 해변으로 휴가를 다녀왔습니다.

다음으로, 한국에는 산이 많습니다. 실제로 한국의 70퍼센트는 산으로 이루어져 있습니다. 많은 사람들이 산으로 등산 또는 캠핑을 갑니다.
저는 때때로 혼자서 등산하러 (캠핑을) 떠나는 것을 좋아합니다.

또한 한국에는 호수들과 강이 많습니다.
강변이나 호숫가에 리조트와 호텔들도 있습니다.
가끔 저도 이런 장소로 휴가를 보내러 갑니다.

Q2 실전문제 연습하기

> **Int** 최근 방문했던 국내 여행지에 가서 무엇을 했는지
>
> Talk about a domestic trip you went on recently. What did you do? Who did you go with? Tell me everything that you did on that trip.

Model Answer Ch04-A2

I remember going to the beach for a vacation with my family two years ago.
  + with my friends / with my parents / with my boyfriend (girlfriend)
  + last year / this summer / several years ago
We went to the beach on the East (West/South) coast of Korea.
We stayed at a beachside hotel (cabin). The place had a great ocean view.
We stayed there for three days.

During the day, we swam in the ocean and played with the sand on the beach.
We also took a lot of pictures and posted them up online on the spot.
  + We went out on a boat (to fish).
  + We also did a lot of water sports.
In the evening, we went out for some seafood.
We ate some raw fish and shellfish.
The food tasted extra good because we ate right in front of the beach.
At night, we took a walk along the beach and played with some firecrackers.

Overall, I enjoyed every minute of that vacation at the beach.

CORE EXPRESSIONS

- east coast 동해안
- cabin 펜션, 오두막
- during the day 낮에는, 낮 동안
- on the beach 모래사장 위에서
- on the spot 그 자리에서
- go out 외출하다, 나가다
- shellfish 어패류
- right in front of the beach 해변 바로 앞에서
- along the beach 바닷가를 따라서
- enjoy every minute 일분 일초를 즐기다

- beachside hotel 바닷가 근처의 호텔
- ocean view 바다가 보이는 전망
- swim in the ocean 바다에서 수영하다
- post up online 온라인에 게시하다
- in the evening 저녁에
- raw fish 회
- taste extra good 특히 더 맛있다
- at night 밤에
- play with some firecrackers 폭죽놀이를 하다

Point Up!

❶ 관용 문구 **During the day** 낮에는
During the day, we swam in the ocean and played with the sand on the beach.
낮에는 바다에서 수영을 하거나 모래사장 위에서 모래를 가지고 놀았습니다.

❷ 관용 문구 **went out for some seafood** 해산물을 먹으러 나갔다
In the evening, we **went out for some seafood**.
저녁에는 해산물을 먹으러 나갔습니다.

❸ 전치사구 **right in front of the beach** 바닷가 바로 앞에서
The food tasted extra good because we ate **right in front of the beach**.
음식이 너무나 맛있었는데 바닷가 바로 앞에서 먹어서 더 그런 것 같습니다.

❹ 전치사구 **along the beach** 해변가를 따라
At night, we took a walk **along the beach** and played with some firecrackers.
밤에는 해변가를 따라 산책을 했고, 폭죽을 가지고 놀았습니다.

❺ 관용 문구 **enjoy every minute** 순간 순간을 즐기다, 일분 일초를 즐기다
Overall, I **enjoyed every minute** of that vacation at the beach.
전반적으로 그 해변에서 즐긴 휴가는 일분 일초가 모두 즐거웠습니다.

아래 해석을 활용하여 나만의 답변을 완성해 보세요.

TRANSLATION

2년 전쯤에 가족끼리 휴가 때 해변을 갔던 기억이 납니다.
    + 친구들과 / 부모님과 / 남자친구, 여자친구와
   + 작년에 / 이번 여름에 / 몇 년 전에
동해안(서해안/남해안) 쪽으로 갔었습니다.
바닷가 근처의 호텔(펜션)에서 머물렀습니다. 바닷가 경치가 아주 좋았습니다.
그 곳에서 3일 동안 머물렀습니다.

낮에는 바다에서 수영을 하거나 모래사장 위에서 모래를 가지고 놀았습니다.
사진도 많이 찍어서 그 자리에서 온라인에 올렸습니다.
    + 배도 타러 갔습니다. (낚시하러)
    + 수상 스포츠도 많이 했습니다.
저녁에는 해산물을 먹으러 나갔습니다.
회와 어패류를 먹었습니다.
음식이 너무나 맛있었는데 바다 바로 앞에서 먹어서 더 그런 거 같습니다.
밤에는 해변가를 따라 산책하고 폭죽놀이를 했습니다.

전반적으로 그 해변에서 즐긴 휴가는 일분 일초가 모두 즐거웠습니다.

Q3 1. 실전문제 연습하기

Adv 국내 여행 중에 기억에 남는 에피소드

Unexpected things can happen on trips. Talk about an unforgettable or memorable thing that happened on a trip you took domestically. Why was the experience special?

 Model Answer  Ch04-A3-1

어딘가를 다친 경험

I remember hurting my ankle during a trip a few years ago.
I twisted (sprained) my ankle walking down the stairs.
It was so painful and I nearly cried.

  + 부위 + finger + toe + wrist + knee + elbow + arm + shoulder + neck + back + forehead
  + 증상 I got a cut on my finger. + I burnt my hand while I was cooking something.
  + 증상 I got a huge bruise on my knee. + I got a blister. + It was bleeding a lot.
  + 증상 My ankle swelled up a lot. + I got a cut on my forehead.

I went to the pharmacy (the doctor) immediately.
Fortunately, I didn't break a bone, but I had to put a bandage around my ankle.

  + Unfortunately, I broke a bone, and I had to get a cast on my ankle.

I took (applied) some medicine to ease the pain and make it heal faster.

  + 치료 I put an ice pack on it. + I had to get it stitched up.
  + 치료 I put a band-aid on my finger.

I couldn't move my ankle properly during the entire vacation.
It was one of the worst vacations in my life.

CORE EXPRESSIONS

- twist one's ankle 발목을 접지르다
- walk down the stairs 계단을 내려가다
- get a huge bruise 멍이 크게 들다
- bleed 피를 흘리다
- pharmacy 약국
- fortunately 다행스럽게도
- put a bandage 붕대를 감다
- ease the pain 고통을 줄이다
- put a band-aid on ~에 반창고를 붙이다

- sprain one's ankle 발목을 삐다
- get a cut 베이다
- get a blister 물집 잡히다
- swell up 부어 오르다
- immediately 즉시, 즉각
- break a bone 뼈가 부러지다
- get a cast 깁스를 하다
- get it stitched up 꿰매다
- move properly 제대로 움직이다

Point Up!

❶ 관용 문구 twisted my ankle 발목을 삐었다
I **twisted my ankle** walking down the stairs.
계단을 내려가다가 발목을 접질렀습니다.

❷ 부사 immediately 즉시, 즉각
I went to the pharmacy (the doctor) **immediately**.
즉시 약국에 (병원에) 갔습니다.

❸ 연결어 fortunately 다행스럽게도, 다행히
Fortunately, I didn't break a bone, but I had to put a bandage around my ankle.
다행히도 뼈가 부러지거나 하지는 않았는데 발목에 붕대를 감아야 했습니다.

❹ 관용 문구 during the entire vacation 휴가 내내
I couldn't move my ankle properly **during the entire vacation**.
휴가 내내 발목을 제대로 움직일 수가 없었습니다.

❺ 최상급 one of the worst vacations 최악의 휴가 중 하나
It was **one of the worst vacations** in my life.
제 인생 최악의 휴가 중 하나였습니다.

아래 해석을 활용하여 나만의 답변을 완성해 보세요.

TRANSLATION

몇 해 전 여행 중에 발목을 다쳤던 것이 기억이 납니다.
계단을 내려가다가 발목을 접질렸습니다. (삐끗했습니다.)
너무 아파서 거의 울 뻔 했습니다.
    + 부위 (+ 손가락 + 발가락 + 손목 + 무릎 + 팔꿈치 + 팔 + 어깨 + 목 + 등 + 이마)
    + 증상 손가락을 베었습니다. + 요리를 하다가 손을 데었습니다.
    + 증상 무릎에 큰 멍이 들었습니다. + 물집이 잡혔습니다. + 피가 많이 났습니다.
    + 증상 발목이 많이 부었습니다. + 이마에 상처가 났습니다.
즉시 약국에 (병원에) 갔습니다.
다행히도 뼈가 부러지거나 하지는 않았는데 발목에 붕대를 감아야 했습니다.
    + 불행히도 뼈가 부러져서 발목에 깁스를 해야 했습니다.
통증을 완화 시키고 더 빨리 낫게 하기 위해 약도 먹었습니다.
    + 치료 얼음찜질을 했습니다. + 상처를 꿰매야 했습니다.
    + 치료 손가락에 밴드를 붙였습니다.
휴가 내내 발목을 제대로 움직일 수가 없었습니다.
제 인생 최악의 휴가 중 하나였습니다.

Q4 2. 실전문제 연습하기

Adv 국내 여행 중에 기억에 남는 에피소드

Unexpected things can happen on trips. Talk about an unforgettable or memorable thing that happened on a trip you took domestically. Why was the experience special?

Model Answer Ch04-A3-2

음식 때문에 고생한 경험

I remember a time when I ate something wrong during a trip two years ago.
I ate some seafood that went bad.
  + stew + meat + rice + bread + raw fish + oysters
  + The food tasted a little strange but I just ate it.
  + I ate too fast. + I ate too much. + I drank too much.
  + I ate food that was undercooked. + I ate too much spicy food.
I got rashes and had a stomachache. I felt like throwing up. (I threw up a few times.)
  + I had a fever. + I had diarrhea. + I got the stomach flu. + I had heartburn.
I went to the pharmacy (the doctor) immediately.
The pharmacist (doctor) said I had food poisoning (indigestion/allergies).
I took some medicine to get better.
However, I couldn't do anything during the entire vacation.
I just had to stay inside and get lots of rest.

Ever since that incident, I always make sure to be more careful when I'm eating something.
  + Ever since that incident, I don't eat seafood that often.

CORE EXPRESSIONS

- seafood that went bad 상한 해산물
- food that is undercooked 덜 익은 음식
- have a stomachache 복통이 있다
- have diarrhea 설사하다
- have heartburn 속쓰림이 있다
- indigestion 소화불량
- stay inside 실내에 머무르다
- oysters 굴
- get a rash 두드러기가 나다
- throw up 토하다
- get the stomach flu 위장염에 걸리다
- have food poisoning 식중독에 걸리다
- allergy 알레르기
- ever since that incident 그 사건 이후로

Point Up!

❶ 관용 문구 **seafood that went bad** 상한 해산물
I ate some **seafood that went bad**.
상한 해산물을 먹었습니다.

❷ 관용 문구 **feel like throwing up** 메슥거리다, 토할 것 같다
I **felt like throwing up**.
속이 메슥거렸습니다.

❸ 관용 문구 **had food poisoning** 식중독에 걸렸다
The pharmacist (doctor) said I **had food poisoning** (indigestion/allergies).
약사(의사)는 내가 식중독 증세 (체한 증세/알러지 증세)가 있다고 했습니다.

❹ GET 동사 **get better** 낫다
I took some medicine to **get better**.
나으려고 약을 먹었다.

❺ 연결어 **ever since that incident** 그 사건 이후로
Ever since that incident, I always make sure to be more careful when I'm eating something.
그 사건 이후로, 저는 무엇을 먹을 때 항상 더 조심하려고 합니다.

 아래 해석을 활용하여 나만의 답변을 완성해 보세요.

TRANSLATION

2년 전 여행 중에 무엇인가 잘못 먹었던 적이 기억납니다.
상한 해산물을 먹었습니다.
　　＋ 찌개 ＋ 고기 ＋ 밥 ＋ 빵 ＋ 회 ＋ 굴
　　＋ 음식 맛이 조금 이상했지만 그냥 먹었습니다.
　　＋ 너무 급하게 먹었습니다. ＋ 너무 많이 먹었습니다. ＋ 술을 너무 많이 마셨습니다.
　　＋ 덜 익은 음식을 먹었습니다. ＋ 매운 음식을 너무 많이 먹었습니다.
몸에 뭐가 막 나고, 배가 아팠습니다. 속이 메슥거렸습니다. (몇 차례 토했습니다).
　　＋ 열이 났습니다. ＋ 설사를 했습니다. ＋ 장염에 걸렸습니다. ＋ 속이 쓰렸습니다.
약국에(병원에) 곧장 갔습니다.
약사(의사)는 내가 식중독 증세 (체한 증세/알러지 증세)가 있다고 했습니다.
낫기 위해 약을 먹었습니다.
그러나 휴가 내내 아무 것도 할 수 없었습니다.
실내에 있으며 푹 쉴 수 밖에 없었습니다.
그 사건 이후로, 저는 무엇을 먹을 때 항상 더 조심하려고 합니다.
　　＋ 그 사건 이후로 저는 해산물을 그리 자주 먹지 않습니다.

Level-Up! 한국인의 말하기 취약점 분석

과거 서술 표현법 부족하다.
[과거 사건] 과거 서술 표현법 강화

오픽에서는 과거 시제를 정확히 쓰는 것 만으로도 IH수준의 언어를 구사할 수 있다고 보고 있다. 그러나 과거 사건에 대해 서술할 때, 거두절미하고 과거시제로 사건을 읊는 것 보다, '과거에 어떠한 사건이 기억난다'로 서술을 시작하는 것이 오픽에서 고득점을 받을 수 있는 팁이다. I remember 뒤에 동사의 ing형이 붙으면 '과거에 ~했던 것을 기억하다' 라는 표현이 된다. 혹은 I remember a time when I 뒤에 동사의 과거 시제를 붙여서 '과거에 ~했던 때가 기억난다'라고 표현할 수 있다. 이러한 표현들을 잘 활용하면 오픽에서 고득점을 받을 수 있다.

과거 사건 서술

I remember + ing
I remember a time when S + V

I remember going to the beach for a vacation.
저는 휴가 때 해변에 갔던 것이 기억납니다.

I remember hurting my ankle during my vacation.
휴가 기간에 발목을 다쳤던 것이 기억납니다.

I remember a time when I ate something wrong during a trip two years ago.
2년 전 여행 중에 뭔가 잘못 먹었던 적이 기억납니다.

I remember a time when I went to a concert last year.
작년에 콘서트에 갔던 때가 기억납니다.

QUIZ

I remember _____ to a birthday party of a close friend.
친한 친구의 생일파티에 갔던 것이 기억난다.

I remember a _____ when I bumped into an old friend.
오래된 친구를 우연히 만난 것이 기억난다.

_____ I accidentally spilt coffee all over myself.
실수로 커피를 쏟았던 적이 기억난다.

 ANSWERS   going / time / I remember a time when

Chapter 05 CAFÉS/COFFEE SHOPS 카페/커피전문점 가기

선택형 주제 |

● 주제에 알맞은 다양한 문항 유형을 알아보세요.

| 묘사 | 카페 묘사 |

| 변화 서술 | 카페 처음 가게 된 계기 |

| 과거 경험 | 카페에서 있었던 에피소드 |

다음 질문을 듣고 질문의 키워드를 확인해 보세요.

Ch05-Q1~3

1 Int 카페 묘사

You indicated that you go to cafés or coffee shops. Describe what coffee shops in your country look like in general. Describe the café you go to most often as well.

카페나 커피숍에 간다고 하셨습니다. 일반적으로 당신의 나라에서는 커피숍이 어떤 모습인지 묘사해 주십시오. 가장 자주 가는 카페에 대해서도 묘사해 주십시오.

2 Int 카페 처음 가게 된 계기/배경

What was the reason you first started to go to cafés? What do you personally do at cafés now? Tell me everything about your experience of going to cafés.

처음 카페에 가게 된 이유가 무엇입니까? 요즘 카페에서 개인적으로 무엇을 합니까? 카페에 가는 것에 관한 모든 경험에 대해 이야기해 주세요.

3 Adv 카페에서 있었던 에피소드

Tell me about a memorable or unforgettable incident that happened at a café. What happened? Who was involved? How did you deal with the situation? Tell me everything about what happened from beginning to end.

카페에서 일어난 기억에 남거나 잊을 수 없는 사건에 대해 이야기해 주십시오. 무슨 일이 일어났습니까? 누구와 관련되었습니까? 그 상황을 어떻게 해결했습니까? 무슨 일이 일어난 건지 처음부터 끝까지 이야기해 주십시오.

Q1 실전문제 연습하기

Int 카페 묘사

You indicated that you go to cafés or coffee shops. Describe what coffee shops in your country look like in general. Describe the café you go to most often as well.

Model Answer

 Ch05-A1

Coffee shops are everywhere in Korea these days.
Many coffee shops are on busy streets with a lot of foot traffic.
Normally, there is the cashier at the entrance.
People make their orders and get their drinks there.
There are many tables and chairs in the coffee shop.
Plus, there is a designated smoking section for smokers.

Some people have their drinks on the spot.
Others get their drinks to go.
I go to various types of coffee places.
These chains are big in size.
　　　　　+ Among them, I often go to TOM N TOMS COFFEE.
　　　　　+ I go there because it's close to my house/school.
　　　　　+ Plus, I go there because I like the drinks and the mood there.
　　　　　+ Also, I go there because I can get points and discounts on my membership card.
　　　　　+ I always order Americano when I go there.
A lot of coffee places sell sandwiches and bagels these days.
I sometimes grab a bite at coffee shops as well.
Overall, this is what coffee shops in Korea typically look like.

CORE EXPRESSIONS

- be everywhere 모든 곳에, 어디나 있다
- a lot of foot traffic 유동인구가 많은
- normally 보통은
- designated smoking section 지정 흡연 장소
- get coffee to go 커피를 테이크아웃 하다
- grab a bite 간단히 먹다, 요기를 하다
- on busy streets 번화가에
- cashier 계산대
- typically 전형적으로, 일반적으로
- on the spot 그 자리에서
- various types of coffee places 다양한 종류의 카페
- overall 전반적으로

Point Up!

❶ 관용 문구 **be everywhere** 모든 곳에 있다, 어디나 있다
Coffee shops are everywhere in Korea these days.
요즘 한국에 커피숍이 없는 곳이 없습니다.

❷ 관용 문구 **on busy streets with a lot of foot traffic** 유동인구가 많은 번화가에
Many coffee shops are on busy streets with a lot of foot traffic.
많은 커피숍들이 유동인구가 많은 번화가에 있습니다.

❸ 전치사구 **on the spot** 그 자리에서
Some people have their drinks on the spot.
어떤 사람들은 그 자리에서 음료를 마십니다.

❹ 관용 문구 **grab a bite** 간단히 먹다, 요기를 하다
I sometimes grab a bite at coffee shops as well.
저도 때때로 간단하게 커피숍에서 요기를 하기도 합니다.

❺ in + 명사 **in size** 규모 면에서
These chains are big in size.
이러한 체인점들은 규모면에서 큽니다.

아래 해석을 활용하여 나만의 답변을 완성해 보세요.

TRANSLATION

요즘 한국에 커피숍이 없는 곳이 없습니다.
많은 커피숍들이 유동인구가 많은 번화가에 있습니다.
보통은 입구에 계산대가 있습니다.
사람들은 거기서 주문을 하고 음료를 받습니다.
커피숍 안에는 많은 테이블과 의자가 있습니다.
또한 흡연자들을 위한 지정 흡연 장소가 있습니다.

어떤 사람들은 그 자리에서 음료를 마십니다.
또 다른 사람들은 음료를 사서 나가기도 합니다.
저는 다양한 종류의 커피숍에 갑니다.
이 체인점들은 규모가 큽니다.
　　　　　+ 그 중에서 탐앤탐스에 자주 가는 편입니다.
　　　　　+ 집에서 / 학교에서 가까워서 그 곳에 갑니다.
　　　　　+ 또 음료가 맛있고 분위기가 좋아서 그 곳에 갑니다.
　　　　　+ 그리고 멤버십카드에 포인트를 모아서 할인을 받을 수 있기 때문에 그 곳에 갑니다.
　　　　　+ 거기 가면 항상 아메리카노를 주문합니다.
요즘에는 많은 커피숍들이 샌드위치나 베이글을 판매합니다.
저도 때때로 간단하게 커피숍에서 요기를 하기도 합니다.
전반적으로 한국의 전형적인 커피숍의 모습이 이렇습니다.

Q2 실전문제 연습하기

Int 카페 처음 가게 된 계기/배경

What was the reason you first started to go to cafés? What do you personally do at cafés now?
Tell me everything about your experience of going to cafés.

 **Model Answer**  Ch05-A2

There was no particular reason I started to go to coffee shops in the first place.
I started to go to coffee shops a lot in college.
Back then, I mainly went there to hang out with friends.
　　　　+ There was a coffee shop near my school.
　　　　+ I used to go there a lot with my classmates (boyfriend/girlfriend).
　　　　+ Plus, we went there to have group study sessions.
　　　　+ Also, we went there because we liked the mood.
　　　　+ Next, we went there because the drinks were cheap.
　　　　+ And then, I went there to study for tests (mid-terms or finals).
　　　　+ I went there because I could get discounts with my membership card.
　　　　+ I went there because I could get stamps every time I buy drinks.
But these days, coffee shops are all over the place.
I just go there to kill time.
I sometimes just go there to get coffee to go or grab a bite.
Plus, there are 24-hour coffee places as well.
They have wi-fi at most coffee shops these days.
Overall, I go to coffee shops much more often than in the past.

CORE EXPRESSIONS

- no particular reason 특별한 이유가 없는
- back then 그 시절에는
- hang out with friends 친구들과 어울리다
- be all over the place 사방에 있다
- grab a bite 간단히 요기하다
- in the first place 애당초
- mainly 주로
- get discounts 할인을 받다
- kill time 시간을 때우다
- much more often 훨씬 더 자주

Point Up!

❶ 관용 문구 **in the first place** 애당초, 애초에

There was no particular reason I started to go to coffee shops **in the first place**.

애초에 커피숍을 가게 된 특별한 이유는 없습니다.

❷ 관용 문구 **hang out with friends** 친구들과 어울리다

Back then, I mainly went there to **hang out with friends**.

그 시절에는, 저는 주로 친구들과 어울리러 커피숍에 갔습니다.

❸ 관용 문구 **all over the place** 사방에

But these days, coffee shops are **all over the place**.

그러나 요즘은 커피숍이 없는 데가 없습니다.

❹ 관용 문구 **get coffee to go** 커피를 테이크아웃 하다, 사서 나오다

I sometimes just go there to **get coffee to go** or grab a bite.

가끔은 그냥 커피를 사서 나오거나 요기를 하러 가기도 합니다.

❺ 관용 문구 **kill time** 시간을 때우다

I just go there to **kill time**.

그냥 거기에 시간을 때우러 갑니다.

아래 해석을 활용하여 나만의 답변을 완성해 보세요.

TRANSLATION

애초에 커피숍을 가게 된 특별한 이유는 없습니다.
대학생 시절부터 커피숍에 많이 가기 시작했습니다.
그 당시, 저는 주로 친구들과 어울리러 커피숍에 갔습니다.
　　　　　＋ 학교 근처에 커피숍이 있었습니다.
　　　　　＋ 반 친구들과 (남자친구와 / 여자친구와) 자주 갔었습니다.
　　　　　＋ 그룹 스터디를 하러 가기도 했습니다.
　　　　　＋ 분위기가 좋아서 가기도 했습니다.
　　　　　＋ 그리고 음료가 싼 편이라서 갔었습니다.
　　　　　＋ 그리고 시험공부를 (중간고사 / 기말고사) 하러 갔습니다.
　　　　　＋ 멤버십 카드로 할인을 받을 수 있어서 갔습니다.
　　　　　＋ 음료를 구입할 때마다 스탬프를 받아서 갔습니다.
그러나 요즘은 커피숍이 없는 데가 없습니다.
저는 그냥 시간을 때우러 가기도 합니다.
가끔은 그냥 커피를 사서 나오거나 요기를 하러 가기도 합니다.
게다가 24시간 영업하는 커피숍들도 있습니다.
요즘에는 대부분의 커피숍들이 무료 인터넷 서비스를 제공합니다.
정리하자면, 저는 예전보다는 커피숍에 훨씬 더 자주 가곤 합니다.

Q3 실전문제 연습하기

Adv 카페에서 있었던 에피소드

Tell me about a memorable or unforgettable incident that happened at a café. What happened? Who was involved? How did you deal with the situation? Tell me everything about what happened from beginning to end.

 Model Answer  Ch05-A3

I remember a time when I accidentally spilt coffee on myself at a coffee shop.
　　　　　+ green tea / lemon-aid / orange juice / water / a drink
　　　　　+ My friend accidentally spilt a drink on me
　　　　　+ We were moving to another table and spilt our drinks.
　　　　　+ I was working part-time at a coffee shop and I spilt coffee by accident.
I dropped the paper cup. I wasn't paying attention because I was talking to a friend.
　　　　　+ talking on the phone / reading a book / sending a message
　　　　　+ I knocked over the paper cup.
　　　　　+ I crashed into someone else and dropped the tray I was carrying.
The coffee fell on my shirt. It was very hot and I nearly burnt myself.
　　　　　+ bag / books / floor / hoodie / skirt / dress / pants / jeans / shoes
Even worse, I was wearing a yellow shirt that day.
So, the stain showed very well.
I wanted to go home and change, but I couldn't.
　　　　　+ I went home and changed.
　　　　　+ I went to a store and bought a new shirt.
　　　　　+ My pants got all wet and it was very uncomfortable.
　　　　　+ My friend apologized to me.
Ever since that incident, I always try to be more careful when I'm at a coffee shop.

CORE EXPRESSIONS

- accidentally 우연히, 실수로, 어쩌다
- work part-time 시간제 아르바이트하다
- pay attention 주의를 기울이다
- crash into someone else 다른 사람과 충돌하다
- even worse 설상가상으로
- go home and change 집에 가서 옷을 갈아입다
- spill coffee on oneself 내 자신에게 커피를 엎지르다
- by accident 우연히, 실수로
- knock over 쓰러뜨리다
- nearly burn oneself 거의 데일 뻔하다
- stain 얼룩
- get all wet 완전히 젖다

Point Up!

❶ 부사 **accidentally** 우연히, 실수로, 어쩌다
I remember a time when I **accidentally** spilt coffee on myself at a coffee shop.
커피숍에서 실수로 커피를 쏟았던 기억이 납니다.

❷ 관용 문구 **not pay attention** 주의를 기울이지 않다
I **wasn't paying attention** because I was talking to a friend.
친구랑 얘기를 하고 있느라 조심하지 못했습니다.

❸ 연결어 **even worse** 설상가상으로
Even worse, I was wearing a yellow shirt that day.
설상가상으로 그날따라 저는 노란색 셔츠를 입고 있었습니다.

❹ 관용 문구 **go home and change** 집에 가서 옷을 갈아입다
I wanted to **go home and change**, but I couldn't.
집에 가서 바로 옷을 갈아입고 싶었지만 그럴 수 없었습니다.

❺ 연결어 **ever since that incident** 그 사건 이후로
Ever since that incident, I always try to be more careful when I'm at a coffee shop.
그 사건 이후로, 저는 커피숍에서 항상 조심하려고 노력합니다.

아래 해석을 활용하여 나만의 답변을 완성해 보세요.

TRANSLATION

커피숍에서 실수로 커피를 쏟았던 기억이 납니다.
　　　　　　　＋ 녹차 / 레모네이드 / 오렌지 주스 / 물 / 음료 한잔
　　　　　　　＋ 친구가 실수로 제게 음료수를 쏟았습니다
　　　　　　　＋ 다른 테이블로 옮기던 중에 음료를 쏟았습니다.
　　　　　　　＋ 저는 커피숍에서 아르바이트를 하던 중이었고 실수로 커피를 쏟았습니다.
종이컵을 떨어뜨렸습니다. 친구랑 얘기를 하고 있느라 조심하지 못했습니다.
　　　　　　　＋ 통화를 하고 있느라 / 책을 읽느라 / 메시지를 보내느라
　　　　　　　＋ 종이컵을 쳤습니다.
　　　　　　　＋ 다른 사람과 부딪혀서 들고 있던 쟁반을 떨어뜨렸습니다.
셔츠에 커피를 다 쏟았습니다. 너무 뜨거웠고 거의 데일 뻔했습니다.
　　　　　　　＋ 가방 / 책 / 바닥 / 후드티 / 치마 / 원피스 / 바지 / 청바지 / 신발
설상가상으로 그날따라 저는 노란색 셔츠를 입고 있었습니다.
그래서 커피 자국이 너무 잘 보였습니다.
집에 가서 바로 옷을 갈아입고 싶었지만 그럴 수 없었습니다.
　　　　　　　＋ 집에 가서 옷을 갈아입었습니다.
　　　　　　　＋ 가게에 가서 새 셔츠를 샀습니다.
　　　　　　　＋ 바지가 다 젖어서 너무 불편했습니다.
　　　　　　　＋ 친구가 사과했습니다.
그 사건 이후로, 저는 커피숍에서 항상 조심하려고 노력합니다.

Level-Up! 한국인의 말하기 취약점 분석

성격 규정이 부족하다.
[일상 생활] 성격 규정 표현의 강화

일반적으로 영어 표현을 할 때 가장 약한 부분 중 하나가 바로 성격 규정 표현이다. '~ 면에서' 라는 표현을 쓰는 가장 정확하고 쉬운 방법은 'in + 명사'이다. 이러한 성격 규정 표현은 오픽 높은 등급의 기본 요건 중에 하나이다. IM을 목표로 하고 있더라도 필요할 때 'in + 명사'를 문장 마지막에 붙이면 등급을 상향 조정시키는 요인이 될 수 있다.

성격 규정 표현

in + 명사

Coffee shop chains are big in size.
커피 전문점 체인점들은 규모 면에서 큽니다.

Korean movies have become a lot better in quality.
한국 영화는 작품성 면에서 훨씬 나아졌습니다.

Do you have the new phone in stock?
새 휴대전화 재고 있습니까?

Thank you in advance.
미리 고맙습니다.

QUIZ

They have a lot _____.
그들은 공통점이 많다.

They are very different _____.
그들은 어떤 면에서는 매우 다르다.

The store did not have my size _____.
가게에는 내 사이즈 재고가 없었다.

ANSWERS in common / in some ways / in stock

Chapter 06

선택형 주제 |
MOVIES 영화 보기

● 주제에 알맞은 다양한 문항 유형을 알아보세요.

| 서술 | 좋아하는 영화 장르 | 묘사 | 영화관 묘사 |

| 과거 경험 | 기억에 남는 영화, 줄거리, 특이사항 |

 다음 질문을 듣고 질문의 키워드를 확인해 보세요.  Ch06-Q1~3

1 `Int` 좋아하는 영화 장르

You indicated that you like to go to the movies. What is your favorite genre of movies? Why do you like those types of movies?

영화 보러 가는 것을 좋아한다고 하셨습니다. 가장 좋아하는 영화 장르가 무엇입니까? 왜 그런 종류의 영화를 좋아합니까?

2 `Int` 영화관 묘사

Tell me about the movie theaters you typically go to. What are they like? Describe a movie theater you often go to in as much detail as possible.

일반적으로 가는 영화관에 대해 이야기해 주십시오. 어떻습니까? 자주 가는 영화관을 가능한 자세히 묘사해 주십시오.

3 `Adv` 기억에 남는 영화, 줄거리, 특이사항

What was the most memorable movie you watched in the past? What was it about? What was so special about that movie? Would you recommend that movie to other people?

예전에 본 영화 중에 가장 기억에 남는 영화는 무엇입니까? 무슨 내용이었습니까? 어떤 점이 특별했습니까? 다른 사람에게 그 영화를 추천하고 싶습니까?

Q1 실전문제 연습하기

Int 좋아하는 영화 장르

You indicated that you like to go to the movies. What is your favorite genre of movies? Why do you like those types of movies?

Model Answer

 Ch06-A1

I don't have a particular genre I like when it comes to movies.
I just watch whatever is fun (big) at that point of time.
　　　+ I just watch movies that top the charts.
It doesn't matter whether it's action movies or sci-fi.
The only genre I don't like is horror movies.
　　　+ romantic comedies + fantasy movies + thrillers + horror movies + animations
I recently went to see the Star Wars sequel.
　　　+ It was a great sci-fi movie.
　　　+ It was very entertaining (touching / funny) as well.
I also enjoy watching Korean movies.
They have become much better than in the past.
They are much better in quality.
In fact, Korean movies are being exported overseas.

So once again, I don't have a particular genre of movies that I like.
I watch everything from romantic comedies to animations.

CORE EXPRESSIONS

- a particular genre 특별한 장르
- whatever is fun 재미있는 건 무엇이든지
- sci-fi 공상과학 (science fiction줄임말)
- touching 감동적인
- much better than in the past 과거보다 훨씬 나은
- be exported overseas 해외로 수출되다
- when it comes to ~에 관한 한, ~에 관해서라면
- at that point of time 그 시점에
- sequel 속편
- entertaining 흥미진진한
- much better in quality 질적으로 훨씬 나은
- once again 다시 한번 강조하면

Point Up!

❶ 연결어 **when it comes to** ~에 관한 한, ~에 관해서라면
I don't have a particular genre I like **when it comes to** movies.
영화에 관해서라면 특별하게 좋아하는 장르는 없는 것 같습니다.

❷ 복합관계대명사 **whatever is fun** 재미있는 건 무엇이든지
I just watch **whatever is fun** at that point of time.
그 당시에 그냥 재미있는 영화면 무엇이든 보는 편입니다.

❸ 비교 **much better than** 훨씬 나은
They have become **much better than** in the past.
예전에 비해서 훨씬 더 작품성이 좋아졌습니다.

❹ 수동태 진행형 **are being exported** 수출되고 있다
In fact, Korean movies **are being exported** overseas.
실제로 한국 영화는 해외에 수출되고 있기도 합니다.

❺ 연결어 **once again** 다시 한번 말하자면
So **once again**, I don't have a particular genre of movies that I like.
그래서 다시 한번 말하자면, 저는 특별히 좋아하는 장르는 없습니다.

아래 해석을 활용하여 나만의 답변을 완성해 보세요.

TRANSLATION

영화에 관해서라면 특별하게 좋아하는 장르는 없는 것 같습니다.
그 당시에 그냥 재미있는 (유명한) 영화면 무엇이든 보는 편입니다.
　　　　　　　＋ 그냥 흥행하는 영화를 보는 편입니다.
액션 영화든 SF 영화든 별로 상관 없습니다.
제가 유일하게 좋아하지 않는 장르는 공포 영화 입니다.
　　　　　　　＋ 로맨틱 코미디 ＋ 판타지 영화 ＋ 스릴러 ＋ 공포 영화 ＋ 애니메이션
저는 최근에 스타워즈 속편을 보러 다녀왔습니다.
　　　　　　　＋ 아주 훌륭한 SF 영화였습니다.
　　　　　　　＋ 정말 재미있기도 (감동적이기도 / 웃기기도) 했습니다.
또한 저는 한국 영화를 보는 것도 좋아합니다.
예전에 비해서 훨씬 더 작품성이 좋아졌습니다.
질적으로 많이 나아졌습니다.
실제로 한국 영화는 해외에 수출되고 있기도 합니다.

그래서 다시 한번 말하자면, 저는 특별히 좋아하는 장르는 없습니다.
로맨틱 코미디부터 애니메이션까지 모든 영화를 봅니다.

Q2 실전문제 연습하기

Int 영화관 묘사

Tell me about the movie theaters you typically go to. What are they like? Describe a movie theater you often go to in as much detail as possible.

 Model Answer  Ch06-A2

I usually go to a large theater near my house.
　　　+ near my office (school) + in my neighborhood + in the downtown area
　　　+ I went there recently to see the Star Wars sequel.
There are three major multiplex chains in Korea: CGV, Mega Box, and Lotte Cinema.
They are normally on busy streets with a lot of foot traffic.
The one I went to was Mega Box.
They have 3D, 4D, and IMAX theaters there.
I like going there because it's close to my house.
　　　+ Plus, it doesn't get too crowded.
　　　+ Also, it's connected to the subway station.
　　　+ Next, I like the garlic/onion pop-corn there.
　　　+ And then, I can get points (get discounts) on my membership card.
There are about 12 theaters altogether.
So, you always have a lot to choose from.
Plus, there are lots of places to eat and shop near the theater.
So, you can do other stuff before and after movies.
Last of all, it's easy to park there because there is plenty of parking space.

CORE EXPRESSIONS

- usually 보통
- in my neighborhood 집 근처의, 동네의
- multiplex 멀티플렉스, 복합상영관
- on busy streets 번화가에
- a lot of foot traffic 유동인구가 많은
- before and after movies 영화 전후로
- last of all 마지막으로, 최후로
- theater 극장, 상영관
- in the downtown area 시내에
- normally 보통
- altogether 모두 합쳐, 도합
- have a lot to choose from 선택의 폭이 넓다
- plenty of 상당히 많은

Point Up!

❶ `관용 문구` on busy streets with a lot of foot traffic 유동인구가 많은 번화가에
They are normally on busy streets with a lot of foot traffic.
보통 유동인구가 많은 번화가에 위치해 있습니다.

❷ `부정대명사` the one (명사 반복을 피하기 위해) 곳
The one I went to was Mega Box.
제가 갔던 곳은 메가박스 입니다.

❸ `관용 문구` a lot to choose from 선택의 폭이 넓은
So, you always have a lot to choose from.
그래서 항상 선택의 폭이 많습니다.

❹ `관용 문구` before and after 전후에
So, you can do other stuff before and after movies.
그래서 영화를 보기 전이나 후에 다른 것들도 할 수 있습니다.

❺ `관용 문구` doesn't get too crowded 너무 붐비지 않는다
It doesn't get too crowded.
너무 붐비지 않습니다.

아래 해석을 활용하여 나만의 답변을 완성해 보세요.

TRANSLATION

저는 보통 집 근처에 있는 큰 영화관에 갑니다.
　　　　　　＋ 사무실(학교) 근처　＋ 동네에　＋ 시내에
　　　　　　＋ 죄근에 스타워즈 속편을 보러 다녀왔습니다.
한국에는 세 개의 큰 멀티플렉스 영화관이 있습니다. CGV, 메가박스, 롯데시네마 입니다.
보통 유동인구가 많은 번화가에 위치해 있습니다.
제가 갔던 곳은 메가박스 입니다.
거기에는 3D, 4D 그리고 IMAX 상영관이 있습니다.
집에서 가깝기 때문에 그 곳에 가는 것을 좋아합니다.
　　　　　　＋ 또 사람이 그렇게 붐비지도 않습니다.
　　　　　　＋ 지하철역과 연결되어 있기도 합니다.
　　　　　　＋ 그리고 거기의 갈릭/어니언 팝콘도 좋아합니다.
　　　　　　＋ 그리고 멤버십 카드에 포인트를 쌓을 수 있습니다. (할인을 받을 수 있습니다.)
그 곳에는 12개의 상영관이 모여있습니다.
그래서 항상 선택의 폭이 넓습니다.
또 그 영화관 근처에는 먹거나 쇼핑할만한 장소가 많습니다.
그래서 영화를 보기 전이나 후에 다른 것들도 할 수 있습니다.

마지막으로 주차공간이 넓기 때문에 주차하기도 쉽습니다.

Q3 실전문제 연습하기

> **Adv** 기억에 남는 영화, 줄거리, 특이사항
>
> What was the most memorable movie you watched in the past? What was it about? What was so special about that movie? Would you recommend that movie to other people?

 Model Answer  Ch06-A3

A movie (that) I watched recently was a Korean movie called "Veteran".
It starred some of my favorite actors.
The movie was about the tug-of-war between a businessman and a detective.
    + [암살] Korean independent fighters during Japan's occupation
    + [아저씨] a person taking revenge on the bad guys
    + [7번방의 선물] a mentally-challenged father taking care of his daughter
    + [국제시장] a father sacrificing his life for his family
    + [명량] a historic Korean admiral who fought against the Japanese invasion
    + [해운대] a big earthquake and a tsunami that hit a Korean city called Busan
There were many exciting scenes in the movie. The movie was very funny as well.
    + thrilling   + touching   + beautiful   + sad
I really liked the storyline and the acting in the movie.
    + I also liked the message it was sending.
    + I also liked the original sound track in the movie.
    + I couldn't stop my tears during the movie.
The movie did very well in the box office.
It was one of the most memorable movies I have watched in my life.
    + It was worth the money.

CORE EXPRESSIONS

- recently 최근에
- tug-of-war 줄다리기, 힘겨루기
- occupation 점령, 직업
- admiral 해군 장성
- earthquake 지진
- thrilling 흥분 되는, 스릴 있는
- storyline 줄거리
- in the box office 흥행 성적 면에서
- star 주역을 맡다, 주연을 맡다
- detective 형사
- mentally-challenged 정신 장애가 있는
- invasion 침략
- exciting scene(s) 신나는 장면
- touching 감동적인
- acting 연기
- one of the most memorable 가장 기억에 남는 것 중 하나

Point Up!

❶ 관계대명사 주어 a movie (that) I watched recently 최근에 봤던 영화
A movie (that) I watched recently was a Korean movie called "Veteran."
제가 최근에 봤던 영화는 '베테랑'이라고 하는 한국 영화입니다.

❷ 특수 동사 starred 배우들이 주연을 맡다
It starred some of my favorite actors.
제가 가장 좋아하는 배우들이 주연을 맡았습니다.

❸ 형용사 very touching 매우 감동적인
The movie was very touching as well.
물론 아주 감동적이었습니다.

❹ 관용 문구 do very well in the box office 흥행에 성공하다
The movie did very well in the box office.
이 영화는 흥행에도 크게 성공했습니다.

❺ 최상급 one of the most memorable 가장 기억에 남는 것 중 하나
It was one of the most memorable movies I have watched in my life.
제 인생에서 봤던 영화 중 가장 기억에 남는 영화 중의 하나라고 할 수 있겠습니다.

아래 해석을 활용하여 나만의 답변을 완성해 보세요.

TRANSLATION

제가 최근에 봤던 영화는 '베테랑'이라고 하는 한국 영화입니다.
제가 가장 좋아하는 배우들이 주연을 맡았습니다.
줄거리는 한 사업가와 형사 간의 두뇌싸움에 대한 내용이었습니다.
　　　　　＋ [암살] 일본 식민치하 때의 한국인 독립운동가들
　　　　　＋ [아저씨] 나쁜 사람들에게 복수를 하는 사람
　　　　　＋ [7번방의 선물] 딸을 돌보는 정신지체인 아버지
　　　　　＋ [국제시장] 가족을 위해 희생하는 아버지
　　　　　＋ [명량] 일본의 침략에 맞서 싸우는 역사적인 한국 장군
　　　　　＋ [해운대] 부산이라는 한국의 도시를 휩쓴 큰 지진과 쓰나미
영화에는 흥미진진한 장면들이 많았습니다. 물론 아주 재미도 있었습니다.
　　　　　＋ 스릴 있는 ＋ 감동적인 ＋ 아름다운 ＋ 슬픈
영화의 줄거리와 연기들이 정말 좋았습니다.
　　　　　＋ 영화가 주는 메시지도 좋았습니다.
　　　　　＋ 영화의 OST도 좋았습니다.
　　　　　＋ 영화를 보는 동안 눈물을 멈출 수 없었습니다.
이 영화는 흥행에도 크게 성공했습니다.
제 인생에서 봤던 영화 중 가장 기억에 남는 영화 중의 하나라고 할 수 있겠습니다.
　　　　　＋ 돈을 들일 만 했습니다.

Level-Up! 한국인의 말하기 취약점 분석

복합관계사 사용이 부족하다
[일상 생활] 복합관계대명사, 복합관계부사의 강화

'모든 영화를 본다'라는 표현을 할 때 I watch every movie.라는 문장을 쓰면 기본적인 등급 밖에 받지 못한다. 같은 뜻이지만 I watch whatever is fun.이라고 하면 '재미 있으면 무엇이든 본다'의 의미로 복합관계대명사로 고득점을 받을 수 있다. 복합관계부사도 비슷하다. "내가 원할 때 언제든지" whenever I want to 혹은 '내가 어디 있던지 간에' wherever I am은 오픽에서 쓸 수 있는 가장 대표적인 복합관계부사 구문들이다.

복합관계대명사 / 복합관계부사

I just watch whatever is fun.
저는 그냥 뭐든지 재미있으면 봅니다.

I just listen to whatever is good.
저는 뭐든지 좋으면 듣습니다.

I listen to music whenever I want to.
저는 듣고 싶을 때 언제든지 음악을 듣습니다.

I can do searches wherever I am.
어디에 있든지 검색을 할 수 있습니다.

QUIZ

I always try my best in _____ I do.
내가 하는 뭐든지 최선을 다한다.

I try to wash my hands well _____ I can.
최대한 자주 손을 씻으려고 노력한다.

I can buy things _____ I am.
어디에 있든지 물건을 살 수 있다.

ANSWERS whatever / whenever / wherever

Chapter 07

선택형 주제 |
BEACHES
해변 가기

● 주제에 알맞은 다양한 문항 유형을 알아보세요.

| 묘사 | 좋아하는 해변 묘사 |
| 서술 | 바닷가에서 하는 것들 |

| 과거 경험 | 기억에 남는 해변 여행 |

다음 질문을 듣고 질문의 키워드를 확인해 보세요.

Ch07-Q1~3

1 `Int` 가장 좋아하는 해변

You indicated that you like to go to the beach. Which beach do you like to go to? Where is it? What does it look like? How often do you go to this beach? How do people get there? Does it get crowded?

바닷가에 가는 것을 좋아하신다고 했습니다. 어떤 해변에 가는 것을 좋아하십니까? 어디입니까? 어떻게 생겼습니까? 이 해변에 얼마나 자주 갑니까? 사람들은 그 곳에 어떻게 갑니까? 붐비는 편입니까?

2 `Int` 바닷가에서 하는 것들

When do you go to the beach? What do you usually do there? Who do you go with? Tell me everything about the activities you do at the beach.

언제 바닷가에 갑니까? 보통 거기에서 무엇을 합니까? 누구와 함께 갑니까? 바닷가에서 하는 활동에 대한 모든 것을 말해주십시오.

3 `Adv` 기억에 남는 해변 여행

Tell me about a particularly memorable trip to the beach. Who were you with? Which beach were you at? What did you do there? What made this trip to the beach more memorable or special? Tell me everything you did from the moment you arrived there.

특별히 기억에 남는 해변 여행에 대해 이야기해 주십시오. 누구와 함께 있었습니까? 어떤 해변에 있었습니까? 거기서 무엇을 했습니까? 무엇이 이 해변 여행을 기억에 남고 특별하게 했습니까? 그 곳에 도착한 순간부터 모든 것을 말해주십시오.

Q1 실전문제 연습하기

> **Int** 가장 좋아하는 해변
>
> You indicated that you like to go to the beach. Which beach do you like to go to? Where is it? What does it look like? How often do you go to this beach? How do people get there? Does it get crowded?

Model Answer Ch07-A1

Korea has plenty of beautiful and exciting beaches.
One of my favorite beaches is 해운대.
It is located in a coastal city called 부산.
It is one of the most well-known beaches in Korea.
   + The beach is not that well-known among people.
   + It's a quiet and peaceful beach.
I went there two years ago for the last time with my family.

There is a lot to do near the beach.
There are a lot of places to eat and drink.
   + There is not much to do near the beach.
The food is incredible and the coastline is very scenic.

It gets extremely crowded during the peak season.
   + It does not get crowded even during the peak season.
   + I like to go there because it's less crowded.
So once again, 해운대 is one of the beaches I like the best.

CORE EXPRESSIONS

- plenty of 많은
- coastal city 해안 도시
- incredible 환상적인
- scenic 경치가 좋은
- during the peak season 성수기에
- beautiful and exciting beaches 아름답고 신나는 해변들
- one of the most well-known 가장 잘 알려진 것 중 하나
- coastline 해안선
- get extremely crowded 극도로 붐비다, 무척 북적이다

Point Up!

❶ `연결어` one of my favorite beaches 제일 좋아하는 해변 중 하나
One of my favorite beaches is 해운대.
제가 제일 좋아하는 해변 중 하나는 바로 해운대 입니다.

❷ `수동태` is located in ~에 위치해 있다
It is located in a coastal city called 부산.
부산이라고 불리는 해안 도시에 위치해 있습니다.

❸ `합성어` well-known 잘 알려진, 유명한
It is one of the most well-known beaches in Korea.
한국에서 가장 잘 알려진 해변 중 하나입니다.

❹ `형용사` scenic 아름다운
The food is incredible and the coastline is very scenic.
음식은 믿을 수 없을 정도로 맛있고 해안선은 정말 예쁩니다.

❺ `부사` gets extremely crowded 매우 붐비다
It gets extremely crowded during the peak season.
성수기 때는 사람들로 무척 북적입니다.

아래 해석을 활용하여 나만의 답변을 완성해 보세요.

TRANSLATION

한국에는 아름답고 신나는 해변이 많습니다.
제가 제일 좋아하는 해변 중 하나는 바로 해운대 입니다.
부산이라고 불리는 해안 도시에 위치해 있습니다.
한국에서 가장 잘 알려진 해변 중 하나입니다.
　　　　　　＋ 사람들에게 잘 알려지지 않은 해변입니다.
　　　　　　＋ 조용하고 평화로운 해변입니다.
지난번에는 2년 전에 가족이랑 갔습니다.

해변 근처에는 할 수 있는 것이 많습니다.
먹고 마실 수 있는 장소들이 아주 많습니다.
　　　　　　＋ 해변 근처에는 할 것이 별로 없습니다.
음식은 믿을 수 없을 정도로 맛있고 해안선은 정말 예쁩니다.

성수기 때는 방문객들로 무척 북적입니다.
　　　　　　＋ 성수기 조차도 별로 북적이지 않습니다.
　　　　　　＋ 덜 북적이기 때문에 그 곳에 가는 것을 좋아합니다.
그래서 다시 한번 말하자면, 해운대가 제가 좋아하는 해변 중 하나입니다.

Q2 실전문제 연습하기

Int 바닷가에서 하는 것들

When do you go to the beach? What do you usually do there? Who do you go with? Tell me everything about the activities you do at the beach.

Model Answer

  Ch07-A2

When I go to the beach, I don't like to get too dark, so I first put on some sunblock.
During the day, I like to swim in the ocean.
I play with the sand or play with a ball on the beach as well.
  + I like to go out on a boat (to fish).
  + I like to do some water sports.
  + I like to go on water rides.
At night, many people enjoy themselves at the beachside.
I also go out for food and drinks with people.
  + I like to drink with people right in front of the beach.
  + I like to have raw fish or other types of seafood at the beach.
Last of all, I like to watch the sunrise or the sunset at the beach.
So, these are the things I do when I'm at the beach.

CORE EXPRESSIONS

- put on some sunblock 자외선 차단제를 바르다
- swim in the ocean 바다에서 수영하다
- go out for food and drinks 먹고 마시러 나가다
- raw fish 회
- sunrise 일출
- during the day 낮에는
- at the beachside 바닷가에서
- right in front of the beach 바닷가 바로 앞에서
- last of all 마지막으로, 최후로
- sunset 일몰

Point Up!

❶ 관용 문구 **put on some sunblock** 선크림을 바르다
When I go to the beach, I don't like to get too dark, so I first put on some sunblock.
해변을 갈 때는 피부가 너무 타는 걸 좋아하진 않기 때문에 가장 먼저 선크림을 바릅니다.

❷ 전치사구 **on the beach** 모래사장 위에서
I play with the sand or play with a ball on the beach as well.
모래를 가지고 놀기도 하고, 모래사장 위에서 공을 가지고 놀기도 합니다.

❸ 재귀대명사 **themselves** 그들 자신, 그들끼리
At night, many people enjoy themselves at the beachside.
밤에, 사람들은 해변에서 저들끼리 즐겁게 놉니다.

❹ 전치사 **right in front of the beach** 해변가 바로 앞에서
I like to drink with people right in front of the beach.
사람들과 해변 바로 앞에서 술 마시는 것을 좋아합니다.

❺ 관용 문구 **go out for food and drinks** 먹거나 마시러 나가다
I also go out for food and drinks with people.
저도 사람들과 함께 먹거나 마시러 나갑니다.

아래 해석을 활용하여 나만의 답변을 완성해 보세요.

TRANSLATION

해변을 갈 때는 피부가 너무 타는 걸 좋아하진 않기 때문에 가장 먼저 선크림을 바릅니다.
낮에는, 바다에 들어가서 수영하는 것을 좋아합니다.
모래를 가시고 놀기도 하고, 해변에서 공을 가지고 놀기도 합니다.
　　　　　　 ＋ 보트를 타고 나가는 것을 좋아합니다. (낚시하러)
　　　　　　 ＋ 수상 스포츠 하는 것을 좋아합니다.
　　　　　　 ＋ 물 미끄럼틀을 타는 것을 좋아합니다.
밤에, 사람들은 해변에서 저들끼리 즐겁게 놉니다.
저도 사람들과 함께 먹거나 마시러 나갑니다.
　　　　　　 ＋ 사람들과 해변 바로 앞에서 술 마시는 것을 좋아합니다.
　　　　　　 ＋ 해변가에서 회와 해산물 먹는 것을 좋아합니다.
마지막으로 해변에서 일몰이나 일출을 보는 것을 좋아합니다.
그래서 이런 것들이 제가 해변에 가면 하는 것들입니다.

Q3 실전문제 연습하기

Adv 기억에 남는 해변 여행

Tell me about a particularly memorable trip to the beach. Who were you with? Which beach were you at? What did you do there? What made this trip to the beach more memorable or special? Tell me everything you did from the moment you arrived there.

 **Model Answer**  Ch07-A3

I remember going to the beach for a vacation with my family two years ago.
　　　　+ with my friends / with my parents / with my boyfriend / girlfriend
　　　　+ last year / this summer / several years ago
We went to the beach on the East (West/South) coast of Korea.
We stayed at a beachside hotel (cabin). The place had a great ocean view.
We stayed there for three days.

During the day, we swam in the ocean and played with the sand on the beach.
We also took a lot of pictures and posted them up online on the spot.
　　　　+ We went out on a boat (to fish).
　　　　+ We also did a lot of water sports.
In the evening, we went out for some seafood.
We ate some raw fish and shellfish.
The food tasted extra good because we ate right in front of the beach.
At night, we took a walk along the beach and played with some firecrackers.
Overall, I enjoyed every minute of that vacation at the beach.

CORE EXPRESSIONS

- east coast 동해안
- cabin 펜션, 오두막
- during the day 낮에는, 낮 동안
- post up online 온라인에 게시하다
- in the evening 저녁에
- raw fish 회
- taste extra good 특히 더 맛있다
- take a walk along the beach 바닷가를 따라서 산책하다
- beachside hotel 바닷가의 호텔
- ocean view 바다가 보이는 전망
- on the beach 모래사장 위에서
- on the spot 그 자리에서
- go out for seafood 해산물을 먹으러 나가다
- shellfish 어패류
- at night 밤에
- play with firecracker 폭죽놀이를 하다

Point Up!

❶ 관용 문구 **stay at a beachside hotel** 바닷가 근처의 호텔에 묵다
We **stayed at a beachside hotel**.
바닷가 근처의 호텔에서 지냈습니다.

❷ 관용 문구 **on the spot** 그 자리에서
We also took a lot of pictures and posted them up online **on the spot**.
사진도 많이 찍어서 그 자리에서 온라인에 올렸습니다.

❸ 관용 문구 **taste extra good** 유난히 맛있다
The food **tasted extra good** because we ate right in front of the beach.
음식이 너무나 맛있었는데 바다 바로 앞에서 먹어서 더 그런 것 같습니다.

❹ 전치사구 **along the beach** 해변가를 따라
At night, we took a walk **along the beach** and played with some firecrackers.
밤에는 해변가를 따라 산책하고 폭죽놀이를 했습니다.

❺ 관용 문구 **enjoy every minute** 순간 순간을 즐기다, 일분 일초를 즐기다
Overall, I **enjoyed every minute** of that vacation at the beach.
전반적으로 그 해변에서 즐긴 휴가는 일분 일초가 모두 즐거웠습니다

아래 해석을 활용하여 나만의 답변을 완성해 보세요.

TRANSLATION

2년 전쯤에 가족끼리 휴가 때 해변에 갔던 것이 기억납니다.
　　　　　　＋ 친구들과 함께 / 부모님과 함께 / 남자친구/여자친구와
　　　　　＋ 작년에 / 이번 여름 / 몇 년 전에
동해안(서해안/남해안) 쪽으로 갔습니다.
바닷가 근처의 호텔(펜션)에서 지냈습니다. 경치가 아주 좋은 곳이었습니다.
3일 동안 머물렀습니다.

낮에는 바다에서 수영을 하거나 모래를 가지고 놀았습니다.
사진도 많이 찍어서 그 자리에서 온라인에 올렸습니다.
　　　　　＋ 보트를 타고 나가기도 했습니다. (낚시하러)
　　　　＋ 수상 스포츠도 많이 했습니다.
저녁에는 해산물을 먹으러 갔었습니다.
회랑 어패류를 먹었습니다.
음식이 너무나 맛있었는데 바다 바로 앞에서 먹어서 더 그런 거 같습니다.
밤에는 해변가를 따라 산책하고 폭죽놀이를 했습니다.
전반적으로 그 해변에서 즐긴 휴가는 일분 일초가 모두 즐거웠습니다.

Level-Up! 한국인의 말하기 취약점 분석

전치사가 부족하다.
[위치 관련] 전치사의 강화

전치사는 명사나 대명사 앞에 정확한 장소나 시간, 방법을 나타낼 때 쓴다. 우리말에서는 '~에'와 같은 표현을 낱말 끝에 붙여서 장소나 시간을 나타내지만, 영어에서는 명사나 대명사 앞에 전치사를 붙인다. 그러므로 시간, 장소, 방법, 방향 등을 나타낼 때 각 장소나 시간에 맞는 정확한 전치사를 붙여서 말해야 한다. 정확한 전치사를 구사하는 것 만으로 오픽 등급을 상향 조정 시킬 수 있다. 특히 해변 관련 이야기와 같은 장소상의 묘사에는 정확한 전치사 사용이 더욱 중요하다.

정확한 전치사 사용

at / near / along / near / in front of

I like to watch the sunrise or the sunset at the beach.
해변에서 해돋이나 일몰을 보는 것을 좋아합니다.

I play with the sand on the beach.
바닷가에서 모래를 가지고 놀았습니다.

There is a lot to do near the beach.
해변 근처에는 할 것이 많습니다.

I like taking walks along the beach.
해변을 따라서 산책하는 것을 좋아합니다.

I like to drink with people right in front of the beach.
바닷가 바로 앞에서 사람들과 술 마시는 것을 좋아합니다.

(예외) I like to swim in the ocean.
바다에서 수영하는 것을 좋아합니다.

QUIZ

People grill meat _____.
사람들은 불판에 고기를 굽는다.

There is a large lake _____.
중간에 큰 호수가 있다.

It is a riverside park _____.
한 강을 따라서 있는 강변 공원이다.

 **ANSWERS** on the grill / in the middle / along the Han River

Chapter 08

선택형 주제 |
PARKS
공원 가기

● 주제에 알맞은 다양한 문항 유형을 알아보세요.

| 묘사 | 공원 묘사 |

| 변화 서술 | 공원 처음 간 계기, 계기 변화 |

| 과거 경험 | 공원에서 있었던 에피소드 |

 다음 질문을 듣고 질문의 키워드를 확인해 보세요.  Ch08-Q1~3

1 Int 공원 묘사, 공원에서 하는 활동

You indicated that you like to go to parks. Tell me about one of the parks that you often visit. **What does it look like? Tell me what people do at the park.**

공원에 가는 것을 좋아한다고 하셨습니다. 자주 가는 공원에 대해 이야기해 주십시오. 어떻게 생겼습니까? 공원에서 사람들이 무엇을 하는지 말해주십시오.

2 Int 공원에 처음에 간 계기, 계기 변화

What made you visit parks in the first place? Why do you go to parks now? Tell me how your interest in going to the parks has changed over the years. Give me all the details.

처음에 왜 공원에 가게 되었습니까? 지금은 왜 공원에 가십니까? 몇 년 간 공원 가기에 대한 흥미가 어떻게 변했는지 이야기해 주십시오. 자세히 말해주십시오.

3 Adv 공원에서 있었던 에피소드

Tell me about a memorable incident that happened at the park. What exactly happened and how did you deal with the situation? What made that incident so memorable? Give me all the details.

공원에서 일어났던 기억에 남는 사건에 대해 이야기해 주십시오. 정확히 무슨 일이 일어났고 어떻게 해결하셨습니까? 왜 그 사건이 기억에 남습니까? 자세히 말해주십시오.

Q1 실전문제 연습하기

Int 공원 묘사, 공원에서 하는 활동

You indicated that you like to go to parks. Tell me about one of the parks that you often visit. What does it look like? Tell me what people do at the park.

Model Answer

There's a small park right in front of my house.
It's not that big, but it has some sports facilities such as tennis courts.
People go there to do various sports.
They also go there to take walks or go for a run.
Plus, some people walk their dogs at the park as well.
I most often go there to get some exercise or get some fresh air.

Meanwhile, there is another big park I go to off and on.
  + The name of the park is Lake Park because there is a large lake in the middle.
  + It is a riverside park along the Han River.
  + There are some sculptures and a lot of trees, flowers and grass.
  + There is a fountain and an exhibition hall in the middle.
The park is very pretty. People take a lot of pictures there.
People also go on picnics to that park as well.

Both parks are very pleasant to visit, but there are more locals at the smaller park.
The large park gets many visitors from outside.
Overall, I think parks are great places to have.

CORE EXPRESSIONS

- right in front of 바로 앞에서
- do various sports 다양한 스포츠를 하다
- go for a run 뛰러 가다
- meanwhile 그 동안에, 반면에
- riverside park 강변 공원
- pleasant to visit 방문하면 기분이 좋은
- sports facility 운동 시설
- take a walk 산책하다
- walk one's dog 개를 산책시키다
- off and on 때때로, 가끔
- go on a picnic 소풍가다
- local(s) 동네 주민

Point Up!

❶ 관용 문구 go for a run 뛰러 가다

They also go there to take walks or go for a run.
산책이나 달리기를 하러도 갑니다.

❷ 관용 문구 walk their dogs 개를 산책시키다

Some people walk their dogs at the park as well.
공원에 강아지도 데리고 나와서 산책시키기도 합니다.

❸ GET 동사 get some exercise 운동하다

I most often go there to get some exercise.
저는 운동을 좀 하기 위해 공원에 가는 편입니다.

❹ GET 동사 get some fresh air 신선한 공기를 마시다

I most often go there to get some fresh air.
저는 신선한 공기를 마시기 위해 공원에 가는 편입니다.

❺ 관용 문구 pleasant to visit 방문하면 기분이 좋아지는

Both parks are very pleasant to visit.
두 공원에 방문하면 기분이 매우 좋아집니다.

아래 해석을 활용하여 나만의 답변을 완성해 보세요.

TRANSLATION

우리 집 바로 앞에는 작은 공원이 하나 있습니다.
그렇게 크지는 않지만, 테니스장 같은 운동 시설이 몇 개 있습니다.
사람들은 다양한 운동을 하기 위해 그 공원에 갑니다.
산책이나 달리기를 하러도 갑니다.
또 공원에 강아지도 데리고 나와서 산책시키기도 합니다.
저는 운동을 좀 하거나 신선한 공기를 마시기 위해 공원에 가는 편입니다.

반면에, 제가 가끔 가는 훨씬 더 큰 공원도 하나 있습니다.
　　＋ 큰 호수가 가운데 있어서 그 공원의 이름은 호수 공원입니다.
　　＋ 한강을 따라 있는 강변 공원입니다.
　　＋ 동상들이 있고 나무, 꽃, 풀이 많이 있습니다.
　　＋ 중앙에 분수대와 전시관이 있습니다.
그 공원은 아주 예쁩니다. 사람들은 거기서 많은 사진을 찍습니다.
그 공원으로 나들이 가는 사람들도 많습니다.

이 두 공원에 방문하면 기분이 매우 좋아집니다. 하지만 작은 공원에는 동네 주민들이 많은 편입니다.
큰 공원에는 외부 방문객들이 많습니다.
전반적으로, 공원은 주변에 있으면 참 좋은 장소라고 생각합니다.

Q2 실전문제 연습하기

Int 공원에 처음에 간 계기, 계기 변화

What made you visit parks in the first place? Why do you go to parks now? Tell me how your interest in going to the parks has changed over the years. Give me all the details.

 **Model Answer**    Ch08-A2

There was no particular reason I went to parks in the first place.
Parks are everywhere. There's one in every neighborhood.

Personally, I like going to parks because I like taking walks.
Plus, I can enjoy the trees and grass when I go to parks.
I can just sit on a bench and relax.
I can also enjoy the breeze or get some fresh air.

But these days, I go to parks to get some exercise.
Parks are great places for exercise.
Many people go to parks for that reason.

CORE EXPRESSIONS

- no particular reason 특별한 이유가 없는
- be everywhere 어디에나 있다
- personally 개인적으로
- enjoy the breeze 선선한 바람을 즐기다
- get some exercise 운동을 좀 하다

- in the first place 애당초에, 우선
- one in every neighborhood 동네마다 하나씩
- take a walk 산책하다
- get some fresh air 신선한 공기를 마시다
- great place for exercise 운동하기에 최적의 장소

Point Up!

❶ 〔관용 문구〕 **in the first place** 애당초에, 애초에
There was no particular reason I went to parks **in the first place**.
애초에 공원에 가게 된 특별한 계기가 있던 건 아니었습니다.

❷ 〔관용 문구〕 **be everywhere** 어디나 있다
Parks **are everywhere**.
공원은 어디에나 있습니다.

❸ 〔관용 문구〕 **one in every neighborhood** 모든 동네마다 하나
There's **one in every neighborhood**.
모든 동네에 하나씩은 있습니다.

❹ 〔부사〕 **personally** 개인적으로
Personally, I like going to parks because I like taking walks.
개인적으로는 저는 산책을 좋아해서 공원을 가는 것 같습니다.

❺ 〔관용 문구〕 **sit on a bench and relax** 벤치에 앉아서 쉬다
I can just **sit on a bench and relax**.
그냥 벤치에 앉아서 쉴 수도 있습니다.

아래 해석을 활용하여 나만의 답변을 완성해 보세요.

TRANSLATION

애초에 공원에 가게 된 특별한 계기가 있던 건 아니었습니다.
공원은 어디에나 있기 때문입니다. 모든 동네에 하나씩은 있습니다.

개인적으로는 저는 산책을 좋아해서 공원을 가는 것 같습니다.
그리고 공원에 가면 많은 잔디밭과 나무들을 즐길 수 있습니다.
그냥 벤치에 앉아서 쉴 수도 있습니다.
신선한 바람과 공기를 쐴 수도 있습니다.

하지만 요즘에는 운동을 하러 공원에 가는 편입니다.
공원은 운동하기에 최적의 장소입니다.
많은 사람들도 그런 이유로 공원에 갑니다.

Q3 실전문제 연습하기

> **Adv** 공원에서 있었던 에피소드
>
> **Tell me about a memorable incident that happened at the park.** What exactly happened and how did you deal with the situation? What made that incident so memorable? Give me all the details.

Model Answer   Ch08-A3

I remember a time when I bumped into an old friend at a park.
I was taking a walk at the park and someone called my name.
I looked back and saw my friend back from elementary school.
  + high school + cram school + the military
  + She used to be one of my best friends back in school.
  + We weren't that close back in school.
I was very happy to see her. She hadn't changed a bit and looked the same.
  + She had changed so much. I didn't recognize her at first.
  + She had gained a lot of weight. + She had lost a lot of weight.
  + She had changed her hairstyle. She had longer (shorter) hair.
I asked her how she was doing.
We exchanged phone numbers and promised to meet again later on.
  + We just said hi and promised to meet again later on.
It was nice to bump into a friend like that.
So, this was the incident I remember at a park.

CORE EXPRESSIONS

- bump into a friend 친구와 우연히 마주치다
- look back 뒤돌아보다
- gain a lot of weight 체중이 많이 늘다
- exchange phone numbers 전화 번호를 교환하다
- be happy to see someone 누군가를 봐서 기분이 좋다
- take a walk 산책하다
- recognize 알아보다
- lose a lot of weight 체중이 많이 빠지다
- meet again later on 나중에 다시 만나다
- say hi 인사하다

Point Up!

❶ 관용 문구 **bump into** 우연히 만나다, 마주치다
I remember a time when I bumped into an old friend at a park.
공원에서 오랜 친구를 우연히 만났던 기억이 납니다.

❷ 과거완료 **hadn't changed** 변하지 않았다
She hadn't changed a bit and looked the same.
전혀 변한 것이 없고 똑같아 보였습니다.

❸ 관용 문구 **be very happy to see her** 그녀를 봐서 기분이 매우 좋다
I was very happy to see her.
그 친구를 봐서 상당히 기분이 좋았습니다.

❹ 관용 문구 **exchanged phone numbers** 전화 번호를 교환했다
We exchanged phone numbers and promised to meet again later on.
우리는 연락처를 교환하고 나중에 다시 꼭 만나자고 약속했습니다.

❺ 관용 문구 **how she was doing** 어떻게 지내는지
I asked her how she was doing.
그녀가 어떻게 지내는지 물어 보았습니다.

아래 해석을 활용하여 나만의 답변을 완성해 보세요.

TRANSLATION

공원에서 오랜 친구를 우연히 만났던 기억이 납니다.
공원에서 산책을 하고 있었는데 누군가 제 이름을 불렀습니다.
뒤돌아보니 초등학교 친구가 있었습니다.
　　　　　＋ 고등학교　＋ 학원　＋ 군대
　　　　　＋ 학교 다닐 때 가장 친한 친구 중 한 명이었습니다.
　　　　　＋ 학교 다닐 때 그렇게 친하지는 않았습니다.
그 친구를 만나서 무척이나 기뻤습니다. 거의 변한 것이 없고 똑같아 보였습니다.
　　　　　＋ 그녀는 많이 바뀌어 있었습니다. 처음에는 알아보지 못했습니다.
　　　　　＋ 그녀는 살이 많이 쪘습니다. ＋ 그녀는 살이 많이 빠졌습니다.
　　　　　＋ 머리 스타일을 바꿨습니다. 머리가 더 길었습니다. (짧았습니다.)
그녀가 어떻게 지내는지 물어봤습니다.
우리는 연락처를 교환하고 나중에 다시 꼭 만나자고 약속했습니다.
　　　　　＋ 가볍게 인사를 하고 나중에 다시 만나자고 약속했습니다.
그렇게 우연히 친구를 만나서 너무 좋았습니다.
그래서, 이 정도가 제가 기억하는 공원에서 있었던 사건입니다.

Level-Up! 한국인의 말하기 취약점 분석

GET 동사 사용이 부족하다.
[다양한 용법] GET 동사 사용의 강화

get 동사는 그야말로 만능 동사이다. 장소부사와 함께 쓰일 때는 arrive의 뜻으로 쓸 수 있으며, 목적어와 쓰이면 buy의 뜻으로도 쓸 수 있다. 또한 상태 변화를 나타내는 get sick 혹은 get better 등의 표현에도 활용된다. 오픽 상위 등급자일수록 get 동사의 활용 빈도가 높다. get some exercise, get access to the internet, get coffee to go 등 관용적인 용법도 익혀서 사용할 경우, 오픽 등급 상승에 큰 도움이 된다.

get 동사의 활용

~좀 하다 / ~하게 되다

I go to parks to get some exercise or get some fresh air.
운동을 하거나 신선한 공기를 마시기 위해 공원에 갑니다.

I need to get some rest.
좀 쉬어야 할 필요가 있습니다.

I can get some sleep in my room.
방에서 잠을 좀 잘 수 있습니다.

Facebook is useful in getting to know someone.
페이스북은 누군가를 알아가기에 유용합니다.

I don't get to see my friends that often.
친구를 그렇게 자주 보게 되지는 않습니다.

QUIZ

If the acting is good, I _____ that actor.
만약 연기력이 좋으면, 나는 그 배우가 점점 좋아지게 된다.

I use my bed to _____ every single day.
나는 매일 침대에서 잠을 잔다.

It only took an hour and a half to _____ to my destination.
도착지에 도착하기까지 한시간 반 밖에 안걸렸다.

ANSWERS get to like / get some sleep / get to my destination

Chapter 09

선택형 주제 |
JOGGING
조깅

● 주제에 알맞은 다양한 문항 유형을 알아보세요.

| 묘사 | 조깅 습관 및 장소 묘사 |
| 서술 | 조깅 경험 |

| 변화 서술 | 조깅 하게 된 계기 및 이유 변화 |

 다음 질문을 듣고 질문의 키워드를 확인해 보세요.  Ch09-Q1~3

1 `Int` 조깅 습관 및 장소 묘사

You indicated that you like to go jogging. Talk about the things you do when you go jogging. How often do you go to jog? Where do you normally go to and how do you feel after the jog?

조깅하는 것을 좋아한다고 하셨습니다. 조깅할 때 하는 것들에 대해 이야기해 주십시오. 얼마나 자주 조깅을 하십니까? 보통 어디로 조깅을 하러 가십니까? 조깅을 하고 나면 어떤 기분입니까?

2 `Int` 조깅을 하러 갔던 경험 서술

Tell me about the last time you went jogging. Where did you go to and what happened? Who did you go with? What did you do to prepare for your jogging? What did you do after you were done?

지난 번 조깅 하러 갔을 때에 대해 이야기해 주십시오. 어디로 갔고 어떤 일이 있었습니까? 누구와 함께 갔습니까? 조깅하기 위해 어떤 것을 준비했습니까? 조깅을 다 하고 무엇을 했습니까?

3 `Adv` 조깅을 처음 하게 된 계기 및 이유 변화

Now, tell me why you started to go jogging in the first place. How has your interest in jogging changed over the years? Why do you go jogging now? What are the benefits of jogging?

이제 애초에 왜 조깅을 하게 되었는지 말해주십시오. 몇 년 간 조깅에 대한 관심이 어떻게 바뀌었습니까? 요즘엔 왜 조깅을 하십니까? 조깅의 좋은 점이 무엇입니까?

Q1 실전문제 연습하기

Int 조깅 습관 및 장소 묘사

You indicated that you like to go jogging. Talk about the things you do when you go jogging. How often do you go to jog? Where do you normally go to and how do you feel after the jog?

 Model Answer  Ch09-A1

I normally go to a park near my house to jog.
The park is not that big, but it has some sports facilities such as tennis courts.
There are many people who go for a run at the park.
Others walk their dogs at the park as well.

I usually go jogging in the evening after dinner.
I can't do that every day.
But I try to go at least twice a week on average.
Jogging helps me get some exercise or get some fresh air.
Overall, I feel refreshed after I jog.

CORE EXPRESSIONS

- normally 보통
- such as 예를 들어, ~와 같은
- walk a dog 개를 산책시키다
- at least twice a week on average 일주일에 적어도 평균 두 번
- feel refreshed 기분이 상쾌하다
- sports facility 운동 시설
- go for a run 달리다, 뛰다
- go jogging 조깅하러 가다

Point Up!

❶ 관용 문구 go for a run 뛰러 가다
There are many people who go for a run at the park.
공원에는 뛰러 오는 사람들이 많습니다.

❷ 관용 문구 walk their dogs 개를 산책시키다
Others walk their dogs at the park as well.
다른 사람들은 공원에서 개를 산책시키기도 합니다.

❸ 빈도 구문 at least twice a week on average 적어도 일주일에 평균 두번
But I try to go at least twice a week on average.
하지만 적어도 일주일에 평균 두 번은 가려고 노력합니다.

❹ GET 동사 get some fresh air 신선한 공기를 마시다
Jogging helps me get some exercise or get some fresh air.
조깅은 운동을 좀 하거나 신선한 공기를 마시게 해줍니다.

❶ 관용 문구 feel refreshed 기분이 상쾌하다
Overall, I feel refreshed after I jog.
전반적으로 조깅 후에는 기분이 상쾌해집니다.

아래 해석을 활용하여 나만의 답변을 완성해 보세요.

TRANSLATION

저는 보통 집 근처 공원에 조깅하러 갑니다.
공원은 그렇게 크지는 않지만 테니스장 같은 스포츠 시설들이 있습니다.
공원에는 뛰러 오는 사람들이 많습니다.
다른 사람들은 공원에서 개를 산책시키기도 합니다.

저는 보통 저녁 식사 후에 조깅을 하러 갑니다.
매일 할 수는 없습니다.
하지만 적어도 일주일에 평균 두 번은 가려고 노력합니다.
조깅은 운동을 좀 하거나 신선한 공기를 마시게 해줍니다.
전반적으로 조깅 후에는 기분이 상쾌해집니다.

Q2 실전문제 연습하기

Int 조깅을 하러 갔던 경험 서술

Tell me about the last time you went jogging. Where did you go to and what happened? Who did you go with? What did you do to prepare for your jogging? What did you do after you were done?

 Model Answer  Ch09-A2

The last time I went jogging was two days ago.
I went to the park I normally go to.
Before I left the house, I first filled a bottle with water.
I also packed a small towel.

When I got to the park, I first did some stretching to warm up.
Warming up like that helps me not get cramps.

And then, I started to run.
I did several laps around the park.
I ran for about an hour.
I was sweating a lot and got the runner's high.

When I got back home, I took a shower right away.
It felt good after the jog that day.

CORE EXPRESSIONS

- fill a bottle with water 병에 물을 가득 채우다
- do some stretching to warm up 몸풀기 위해 스트레칭을 하다
- do several laps around the park 공원 몇 바퀴 돌다
- get the runner's high 뛰고 나서 기분이 좋다
- feel good 기분이 좋다
- pack 싸다, 챙기다
- get cramps 쥐가 나다
- sweat a lot 땀을 많이 흘리다
- take a shower right away 곧장 샤워를 하다

Point Up!

❶ 동명사 주어 warming up 몸 풀기
Warming up like that helps me not get cramps.
몸을 푸는 것은 쥐가 나지 않게 해줍니다.

❷ 관용 문구 left the house 집을 나섰다
Before I left the house, I first filled a bottle with water.
집에서 나오기 전, 먼저 물병에 물을 가득 채웠습니다.

❸ 구동사 warm up 몸을 풀다
When I got to the park, I first did some stretching to warm up.
공원에 도착했을 때, 가장 먼저 몸을 풀기 위해 스트레칭을 했습니다.

❹ 관용 문구 do several laps 몇 바퀴 돌다
I did several laps around the park.
공원 몇 바퀴를 돌았습니다.

❺ 관용 문구 got the runner's high 뛰고 나니 기분이 좋았다
I was sweating a lot and got the runner's high.
땀을 많이 흘렸고 뛰고 나니 기분이 좋았습니다.

아래 해석을 활용하여 나만의 답변을 완성해 보세요.

TRANSLATION

마지막으로 조깅을 한 것은 이틀 전입니다.
자주 가는 공원으로 갔습니다.
집에서 나오기 전, 먼저 물병에 물을 가득 채웠습니다.
작은 수건도 챙겼습니다.

공원에 도착했을 때 가장 먼저 몸을 풀기 위해 스트레칭을 했습니다.
그렇게 몸을 풀면 쥐가 나지 않는데 도움이 됩니다.

그런 다음, 저는 뛰기 시작했습니다.
공원 몇 바퀴를 돌았습니다.
거의 한 시간 동안 뛰었습니다.
땀을 많이 흘렸고 러너스 하이(뛰면 기분 좋은 느낌)도 맛보았습니다.
집에 돌아와서는 바로 샤워를 했습니다.
그 날 조깅을 하고 나서 기분이 좋았습니다.

Q3 실전문제 연습하기

Adv 조깅을 처음 하게 된 계기 및 이유 변화

Now, tell me why you started to go jogging in the first place. How has your interest in jogging changed over the years? Why do you go jogging now? What are the benefits of jogging?

 **Model Answer**  Ch09-A3

Frankly speaking, I didn't really like running long time ago.
I couldn't understand why people would go jogging.

However, there were people around me who really liked to run.
They said it was the easiest way to get some exercise.
One day, I decided to give it a try myself.
My body wasn't what it used to be.
So, I wanted to get back into shape.

I first started with light jogging.
And then, I ran a little more every time I went.
Now, I really enjoy running and even get the runner's high.
I'm even thinking of running in a marathon soon.

Overall, I think jogging is a great way to get some exercise.

CORE EXPRESSIONS

- frankly speaking 솔직히 말해서
- however 그러나
- get some exercise 운동을 하다
- give it a try 시도해보다
- light jogging 가벼운 조깅
- get the runner's high 뛰고 나니 기분이 좋다
- long time ago 오래 전
- people around me 내 주변 사람들
- one day 어느 날, 언젠가
- get into shape 건강을 유지하다, 몸매를 가꾸다
- every time I go 갈 때마다

Point Up!

❶ 관용 문구 frankly speaking 솔직하게 말하자면
Frankly speaking, I didn't really like running long time ago.
솔직하게 말하자면, 예전에는 뛰는 것을 좋아하지 않았습니다.

❷ 최상급 the easiest way 가장 쉬운 방법
They said it was the easiest way to get some exercise.
그들은 조깅이 운동을 하기 가장 쉬운 방법이라고 했습니다.

❸ 관용 문구 not what it used to be 예전 같지 않은
My body wasn't what it used to be.
몸이 예전 같지 않았습니다.

❹ GET 동사 get back into shape 예전 몸매로 돌아가다
So, I wanted to get back into shape.
그래서 저는 예전 몸매로 돌아가고 싶었습니다.

❺ 재귀대명사 myself 나 스스로
I decided to give it a try myself.
나 스스로 해보기로 마음 먹었습니다.

아래 해석을 활용하여 나만의 답변을 완성해 보세요.

TRANSLATION

솔직하게 말하자면, 예전에는 뛰는 것을 좋아하지 않았습니다.
사람들이 왜 조깅을 하는지 이해할 수 없었습니다.

그런데 제 주변에는 달리기를 정말 좋아하는 사람들이 있었습니다.
그들은 조깅이 운동을 하기 가장 쉬운 방법이라고 했습니다.
어느 날 저는 한 번 해보기로 결심했습니다.
몸이 예전 같지 않았습니다.
그래서 저는 예전 몸매로 돌아가고 싶었습니다.

먼저 가벼운 조깅으로 시작했습니다.
그리고 갈 때마다 조금씩 더 뛰었습니다.
이제 저는 달리기를 즐기게 되었고 러너스 하이(뛰면 기분 좋은 느낌)까지 맛보게 되었습니다.
곧 마라톤에도 나가려고 생각 중입니다.

전반적으로, 저는 조깅이 운동하기 아주 좋은 방법이라고 생각합니다.

Level-Up! 한국인의 말하기 취약점 분석

조동사 사용이 부족하다.

[과거 회상] 조동사 사용의 강화

과거에 대해 회상할 때는 과거 시제 뿐만 아니라 '~하곤 했었다'라는 조동사 used to를 쓰는 것이 좋다. used to는 과거의 습관이나 상태를 나타내며, '~하곤 했다'의 의미를 만들어낼 때 매우 유용하다. 규칙적인 습관, 오래된 행동을 묘사할 때 써주면 등급 상승에 도움을 받을 수 있다. 반면, be used to라는 표현은 '~하는데 익숙하다'라는 표현으로 의미가 다르다. get used라고 하면 '~에 익숙해지다'라는 의미가 된다.

조동사 used to의 사용

• ~이곤 했다

I **used to** play there all the time.
저는 그 곳에서 항상 놀곤 했습니다.

We **used to** hang out at the coffee shop after class.
수업 끝나고 커피 숍에서 만나 어울리곤 했습니다.

My body wasn't what it **used to** be.
몸이 예전 같지 않았습니다.

• 익숙한

I was not **used to** the new features.
새 기능에 익숙하지 않았습니다.

I had to **get used to** my new phone.
새 휴대전화에 익숙해져야 했습니다.

QUIZ

It took me some time to _____ Instagram.
인스타그램에 익숙해지는 데 시간이 걸렸다.

I'm still _____ the site.
아직 그 사이트에 적응 중이다.

I _____ use Samsung Galaxy S6.
나는 삼성 갤럭시 S6를 썼었다.

ANSWERS get used to / getting used to / used to

Chapter 10

선택형 주제 |
INTERNET 인터넷

● 주제에 알맞은 다양한 문항 유형을 알아보세요.

묘사	가장 즐겨 찾는 사이트
서술	사이트 처음 이용하게 된 계기
서술	사이트 이용하며 겪은 불편, 문제점

 다음 질문을 듣고 질문의 키워드를 확인해 보세요.  Ch10-Q1~3

1 Int 가장 즐겨 찾는 인터넷 사이트

What is your favorite website? What can you do there? Why do you like using that website? How often do you log on? What would you like to change about that website?

가장 좋아하는 사이트가 무엇입니까? 무엇을 할 수 있는 곳입니까? 왜 그 웹사이트 이용하는 것을 좋아합니까? 얼마나 자주 접속합니까? 그 웹사이트의 어떤 것을 바꾸고 싶습니까?

2 Adv 그 인터넷 사이트를 처음 이용하게 된 계기

How did you get to use that website in the first place? Did your friend introduce you to that site? What did you first do there? Tell me about how you first became to know that website.

처음에 어떻게 그 웹사이트를 이용하게 되었습니까? 친구가 그 사이트를 소개해주었습니까? 처음에 그 곳에서 무엇을 했습니까? 그 웹사이트를 어떻게 처음 알게 되었는지 이야기해 주십시오.

3 Adv 그 사이트를 이용하며 겪은 불편, 문제점

Have you ever experienced any problems related to that website? Perhaps a message that you wanted to post did not appear on the screen. What was the exact problem and how did you solve the situation?

그 웹사이트와 관련해 경험한 문제점이 있습니까? 아마 게시하고 싶었던 메시지가 화면에 나타나지 않았을 수도 있습니다. 정확히 어떤 문제였고 어떻게 상황을 해결했습니까?

Q1 실전문제 연습하기

> **Int** 가장 즐겨 찾는 인터넷 사이트
>
> What is your favorite website? What can you do there? Why do you like using that website? How often do you log on? What would you like to change about that website?

Model Answer Ch10-A1

The website I use the most is Facebook.
It is the most popular social networking site in the world.
I can keep in touch with friends on Facebook.
I can check what my friends are doing by looking at their postings.
　　　+ I sometimes leave replies on their pictures.
　　　+ I also press the "LIKE" button if I like their postings.
Facebook is also useful in getting to know someone you don't know well.

Meanwhile, Instagram is all the rage as well.
A lot of people are switching to Instagram.
I also started to use Instagram as well.
　　　+ It's very easy to post pictures on Instagram.
　　　+ You can post up short video clips as well.
So, once again, my favorite websites are Facebook and Instagram.

CORE EXPRESSIONS

- keep in touch with ~와 연락을 취하다, 접촉하다
- leave a reply 댓글을 남기다, 답장을 남기다
- get to know 알게 되다
- be all the rage 엄청나게 유행하다
- post / post up 게시하다

- posting 게시물
- useful 유용한, 도움이 되는
- meanwhile 한편, 그 동안
- switch to ~로 갈아타다
- video clip 동영상

Point Up!

❶ 관용 문구 **keep in touch with** ~와 연락을 취하다
I can keep in touch with friends on Facebook.
페이스북으로 친구들과 계속 연락을 하고 지낼 수 있습니다.

❷ 관용 문구 **check what my friends are doing** 친구들이 무엇을 하는지 확인하다
I can check what my friends are doing by looking at their postings.
친구들의 포스팅을 보면서 그들이 무엇을 하는지 알 수 있습니다.

❸ GET 동사 **getting to know** 알아가는, 알게 되는
Facebook is also useful in getting to know someone you don't know well.
페이스북은 잘 알지 못하는 누군가를 알아갈 때 매우 유용하기도 합니다.

❹ 관용 문구 **be all the rage** 엄청나게 유행하다
Instagram is all the rage as well.
인스타그램도 엄청나게 유행입니다.

❺ 관용 문구 **be switching to Instagram** 인스타그램으로 갈아타고 있다
A lot of people are switching to Instagram.
많은 사람들이 인스타그램으로 갈아타고 있습니다.

아래 해석을 활용하여 나만의 답변을 완성해 보세요.

TRANSLATION

제가 가장 많이 이용하는 사이트는 페이스북입니다.
페이스북은 세계에서 가장 인기 있는 소셜 네트워크 사이트입니다.
페이스북으로 친구들과 계속 연락을 하고 지낼 수 있습니다.
친구들의 포스팅을 보면서 그들이 무엇을 하는지 알 수 있습니다.
　　　　　　＋ 친구들의 사진에 가끔 댓글을 남깁니다.
　　　　　　＋ 그들의 게시물이 마음에 들면 '좋아요' 버튼을 누르기도 합니다.
페이스북은 잘 알지 못하는 누군가를 알아갈 때 매우 유용하기도 합니다.

한편, 요즘 인스타그램도 엄청나게 유행입니다.
많은 사람들이 인스타그램으로 옮겨가고 있습니다.
저도 인스타그램을 시작했습니다.
　　　　　　＋ 인스타그램은 사진을 올리기가 아주 쉽습니다.
　　　　　　＋ 짧은 동영상도 올릴 수 있습니다.
다시 말해서 페이스북과 인스타그램이 제가 제일 좋아하는 웹사이트 입니다.

Q2 실전문제 연습하기

> **Int** 그 인터넷 사이트를 처음 이용하게 된 계기
>
> **How did you get to use that website in the first place?** Did your friend introduce you to that site? What did you first do there? Tell me about how you first became to know that website.

 Model Answer  Ch10-A2

I used to use Facebook a lot in the past.
But people around me started to use Instagram.
So, I switched to Instagram myself.

I think Instagram is a combination of Facebook and Twitter.
On Instagram, you have to "follow" people, not "friend" them.
You can easily post pictures or video clips on Instagram.
　　　　+ You can also hash-tag(#) key words or people.
　　　　+ You can also repost other people's postings on your page.
That's one of the beauties of Instagram.
Facebook and Twitter have their pros and cons.
I think Instagram found the answer.
Overall, I think Instagram is a great social networking site.

CORE EXPRESSIONS

- used to use 이용하곤 했다
- switch to ~로 갈아타다
- video clip(s) 동영상
- hash-tag 해시태그 하다
- one of the beauties 묘미 중 하나
- in the past 과거에는, 예전에는
- combination 조합, 결합
- post pictures 사진을 게시하다
- repost other people's posting 남의 게시물을 퍼오다
- pros and cons 장단점

Point Up!

❶ 조동사 used to ~하곤 했다, 한때는 ~했다
I used to use Facebook a lot in the past.
예전에는 페이스북을 정말 많이 사용하곤 했습니다.

❷ 특수 동사 switched to ~로 갈아 탔다
I switched to Instagram myself.
저 자신도 인스타그램으로 갈아탔습니다.

❸ 관용 문구 one of the beauties 묘미 중 하나
That's one of the beauties of Instagram.
그것이 인스타그램의 매력 중 하나입니다.

❹ 관용 문구 pros and cons 장단점
Facebook and Twitter have their pros and cons.
페이스북과 트위터는 각각 장단점이 있습니다.

❺ 특수 동사 repost other people's postings 남의 게시물을 퍼오다
You can also repost other people's postings on your page.
다른 사람들의 게시물을 자신의 페이지에 퍼갈 수도 있습니다.

아래 해석을 활용하여 나만의 답변을 완성해 보세요.

TRANSLATION

예전에는 페이스북을 정말 많이 사용하곤 했습니다.
하지만 주위 사람들이 인스타그램을 하기 시작했습니다.
그래서 저 자신도 인스타그램으로 갈아탔습니다.

인스타그램은 페이스북과 트위터의 조합이라고 생각합니다.
인스타그램에서는 친구 추가가 아니라 사람들을 '팔로우' 해야 합니다.
인스타그램에서는 쉽게 사진이나 동영상을 올릴 수 있습니다.
　　　　　+ 키워드나 사람들을 해시태그 할 수 있습니다.
　　　　　　+ 다른 사람의 게시물을 자신의 페이지에 다시 올릴 수 있습니다.
그것이 인스타그램의 매력 중 하나입니다.
페이스북과 트위터는 각각 장단점이 있습니다.
제 생각에는 인스타그램이 그 해답을 찾은 것 같습니다.
전반적으로 인스타그램이 훌륭한 소셜 네트워크 사이트인 것 같습니다.

Q3 실전문제 연습하기

Adv 그 사이트를 이용하며 겪은 불편, 문제점

Have you ever experienced any problems related to that website? Perhaps a message that you wanted to post did not appear on the screen. What was the exact problem and how did you solve the situation?

Model Answer

 Ch10-A3

When I first used Instagram, I had some problems.
First, I had trouble logging in because I forgot my ID and password.
I also had trouble searching for friends.
I soon figured that out though.

Plus, I first didn't know how to repost my Instagram postings on Facebook.
I found out that it was very easy later on.
You just had to press the Facebook link.

I also had trouble using the hash-tags.
It didn't know how to hyperlink the hash-tags.

Overall, it took me some time to get used to Instagram.
In fact, I'm still getting used to the site.

CORE EXPRESSIONS

- have trouble 어려움을 겪다
- later on 나중에
- find out 발견하다, 알아내다
- hash-tag 해시태그하다
- take time 시간이 걸리다
- figure out 터득하다
- repost 다시 게시하다, 게시물을 퍼오다
- later on 나중에
- hyperlink the hash-tag 해시태그에 링크를 걸다
- get used to 익숙해지다

Point Up!

❶ 관용 문구 **had trouble logging in** 로그인에 어려움을 겪다
I **had trouble logging in** because I forgot my ID and password.
계정과 비밀번호를 잊어버려서 로그인을 할 때 어려움을 겼었습니다.

❷ 구동사 **figured that out** 그것을 터득했다
I soon **figured that out** though.
하지만 그것을 터득했습니다.

❸ 합성어 **hash-tag** 해시태그하다
I also had trouble using the **hash-tags**.
해시태그를 사용하는 것도 어려웠습니다.

❹ 관용 문구 **took me some time** 시간이 좀 걸렸다
It **took me some time** to get used to Instagram.
인스타그램에 익숙해 지는 데에는 시간이 좀 걸렸습니다.

❺ GET 동사 **getting used to** 익숙해지고 있는
I'm still **getting used to** the site.
아직도 사이트에 적응 중입니다.

아래 해석을 활용하여 나만의 답변을 완성해 보세요.

TRANSLATION

처음 인스타그램을 사용할 때는 문제가 좀 있었습니다.
우선, 계정과 비밀번호를 잊어버려서 로그인을 할 때 문제가 있었습니다.
친구를 찾는 데에도 문제가 있었습니다.
하지만 곧 방법을 터득했습니다.

또 처음에는 어떻게 인스타그램에 올린 게시물을 페이스북에 다시 올리는지 알지 못했습니다.
나중에는 그게 아주 쉽다는 것을 알게 되었습니다.
페이스북 링크를 누르기만 하면 되는 것이었습니다.

해시태그를 사용하는 것도 어려웠습니다.
어떻게 해시태그에 링크를 연결하는지 몰랐기 때문입니다.

전반적으로 인스타그램에 익숙해 지는 데에는 시간이 좀 걸렸습니다.
실은, 아직도 익숙해지고 있는 중입니다.

Level-Up! 한국인의 말하기 취약점 분석

특수 동사가 부족하다.
[접두사] 특수 동사의 강화

우리말에서 '다시 배치하다'라는 말을 '재배치 하다'라고 표현할 수 있다. 영어에서도 마찬가지로 arrange again을 한 단어로 rearrange라고 표현 할 수 있다. 굳이 한 단어로 표현할 수 있는 것을 길게 표현하는 것은 절대 좋은 방법이 아니다. re-접두사를 이용한 다양한 동사를 외워서 사용하는 것은 오픽에서 고득점을 받는 좋은 방법이다.

re- 동사의 사용

repost / reschedule / redo / repaint

You can also **repost** other people's postings on your page.
다른 사람의 게시물을 자신의 게시물에 다시 올릴 수 있습니다.

I asked them to **reschedule** my appointment.
그들에게 예약을 다시 잡아달라고 했습니다.

We wanted to **redo** the wallpaper.
우리는 벽지를 다시 바르고 싶었습니다.

They **repainted** the apartment walls.
그들은 아파트 벽을 다시 칠했습니다.

QUIZ

They _____ the floors.
그들은 바닥을 다시 했다.

We _____ the furniture in the house.
우리는 집 안의 가구를 재배치 했다.

I had trouble _____ other people's posting on my page.
다른 사람의 게시물을 내 페이지에 다시 올리는데 문제가 있었다.

ANSWERS redid / rearranged / reposting

Chapter 11 RESTAURANTS 음식점

공통형 주제 |

● 주제에 알맞은 다양한 문항 유형을 알아보세요.

| 묘사 | 보편적인 음식점 묘사 |

| 과거 경험 | 최근 간 음식점 서술 |

| 과거 경험 | 어렸을 때 갔던 음식점 |

다음 질문을 듣고 질문의 키워드를 확인해 보세요.

 Ch11-Q1~3

1 [Int] 본인이 가는 우리나라 보편적인 음식점 묘사

I would like to know about restaurants in your country. Talk about a typical restaurant that you go to. What kind of food do they serve there? What is special about that place?

당신의 나라에 있는 음식점에 대해 알고 싶습니다. 당신이 가는 전형적인 음식점에 대해 이야기해 주십시오. 그 곳에서는 어떤 음식을 팝니까? 어떤 점이 특별합니까?

2 [Int] 최근에 간 음식점 서술

Tell me about a restaurant you went to recently. What kind of restaurant was it? What was their menu and what did you eat there? Did you like the food there? Why or why not?

최근에 갔던 음식점에 대해 이야기해 주십시오. 어떤 종류의 음식점이었습니까? 메뉴에 어떤 것이 있었고 무엇을 먹었습니까? 음식이 마음에 들었습니까? 왜 마음에 들거나 마음에 들지 않았습니까?

3 [Adv] 어렸을 때 갔던 음식점

Now, tell me about a restaurant you used to go to as a child. What was it like? What did you eat there? Who did you go with? What do you remember most about that place?

이제 어렸을 때 갔던 음식점에 대해 이야기해 주십시오. 어땠습니까? 그 곳에서 무엇을 먹었습니까? 누구와 함께 갔습니까? 그 장소에 대해 어떤 것이 가장 기억에 남습니까?

Q1 실전문제 연습하기

Int 본인이 가는 우리나라 보편적인 음식점 묘사

I would like to know about restaurants in your country. Talk about a typical restaurant that you go to. What kind of food do they serve there? What is special about that place?

Model Answer

 Ch11-A1

There are many barbeque restaurants in Korea.
They are all over the place.
They serve various types of meat such as pork, beef, chicken and duck.
　　　　+ Among them, beef and duck are my favorites.
　　　　+ Among them, pork is my favorite.
Customers grill the meat on a grill themselves at these places.
The grills are normally built into the table.
Most barbeque restaurants have tables with chairs.
However, some places have floor seating.
People sit on the floor and eat at a low table.

I think I go to these restaurants at least once or twice a month on average.
　　　　+ at least three or four times a month on average
Once again, barbeque restaurants are the most common restaurants in Korea.

CORE EXPRESSIONS

- barbeque restaurant 고깃집
- serve 음식을 내오다
- among them 그 중에서
- be built into ~에 들어가 있다, 내장되어 있다
- sit on the floor 바닥에 앉다
- at least once or twice a month on average 적어도 한 달에 평균 한 두 번
- be all over the place 사방에 널려 있다
- various types of meat 다양한 종류의 고기
- grill the meat 고기를 굽다
- floor seating 바닥에 앉는 것
- eat at a low table 낮은 테이블에서 먹다

Point Up!

❶ 관용 문구 **all over the place** 사방에 널려 있는
They are all over the place.
사방에 널려 있습니다.

❷ 수동태 **be normally built into** ~에 주로 장착되어 있다
The grills are normally built into the table.
보통 불판은 테이블에 장착되어 있습니다.

❸ 재귀대명사 **themselves** 그들 자신이, 직접
Customers grill the meat on a grill themselves at these places.
이런 곳에서 손님들은 직접 불판에 고기를 굽습니다.

❹ 관용 문구 **at least once or twice a month on average** 적어도 한 달에 한 두 번
I go to these restaurants at least once or twice a month on average.
저는 보통 적어도 한 달에 한두번은 이런 음식점에 가는 것 같습니다.

❺ 최상급 **the most common** 가장 흔한
Barbeque restaurants are the most common restaurants in Korea.
한국에는 이런 고깃집들이 가장 흔한 음식점입니다.

아래 해석을 활용하여 나만의 답변을 완성해 보세요.

TRANSLATION

한국에는 많은 고깃집들이 있습니다.
사방에 있습니다.
돼지고기, 소고기, 닭고기 그리고 오리고기 같은 다양한 종류의 고기를 팝니다.
　　　　＋ 그 중에서 소고기와 오리고기를 가장 좋아합니다.
　　　　＋ 그 중에서 돼지고기를 가장 좋아합니다.
이런 곳에서 손님들은 직접 불판에 고기를 굽습니다.
보통 불판은 테이블에 장착되어 있습니다.
거의 모든 고깃집에는 테이블과 의자들이 있습니다.
하지만 어떤 곳은 방에 들어가서 앉을 수도 있습니다.
사람들은 바닥에 앉아서 낮은 테이블에서 식사를 합니다.

제 생각엔 저는 보통 적어도 한 달에 한 두 번은 이런 음식점에 가는 것 같습니다.
　　　　＋ 보통 적어도 한 달에 서너 번
다시 한 번 말하자면 한국에서는 이런 고깃집들이 가장 흔한 음식점입니다.

Q2 실전문제 연습하기

Int 최근에 간 음식점 묘사

Tell me about a restaurant you went to recently. What kind of restaurant was it? What was their menu and what did you eat there? Did you like the food there? Why or why not?

 Model Answer　　　　　　　　　　　　　　　　　　 Ch11-A2

I went to eat dinner at a barbeque restaurant recently with my family.
　　　　　+ friends + colleagues + wife and children
The restaurant was famous for Korean-style ribs called 갈비.
　　　　　+ Korean beef called 한우
　　　　　+ thinly sliced pork called 삼겹살
　　　　　+ a spicy chicken dish called 닭갈비
We knew the owner pretty well because we were regulars there.
　　　　　+ It was our first time going there.
　　　　　+ The mood of the restaurant was very nice and the staff were friendly.
We grilled the meat on the grill right in front of us.
We had the meat with various side dishes.
The food tasted extra good because I was starving.
We ate plenty of meat and ate cold Korean noodles called 냉면 at the end.
　　　　　+ ate Korean soybean stew and rice at the end
Plus, we drank a little with the meal.
Overall, it was a very enjoyable dinner.

CORE EXPRESSIONS

- recently 최근에
- Korean-style ribs 갈비
- regular 단골
- side dish 반찬
- starving 배가 몹시 고픈
- enjoyable 즐거운
- friendly 친절한

- colleague 동료
- thinly sliced pork 삼겹살
- staff 직원
- taste extra good 특히 더 맛있다
- Korean soybean stew 된장찌개
- the mood of the restaurant 음식점 분위기
- grill the meat on the grill 고기를 불판에 굽다

Point Up!

❶ 관용 문구 **be famous for** ~로 유명하다
The restaurant was famous for Korean-style ribs called 갈비.
그 음식점은 한국식 갈비요리로 유명했습니다.

❷ 관용 문구 **we were regulars** 단골이었다
We knew the owner pretty well because we were regulars there.
단골이기 때문에 사장님과 꽤 잘 아는 사이였습니다.

❸ 전치사 **right in front of** 바로 앞에서
We grilled the meat on the grill right in front of us.
우리는 바로 앞에서 직접 고기를 구워 먹었습니다.

❹ 관용 문구 **tasted extra good** 유난히 맛있었다
The food tasted extra good because I was starving.
배가 많이 고파서 그 날 따라 음식이 유난히 맛있었습니다.

❺ 형용사 **enjoyable dinner** 즐거운 저녁식사
It was a very enjoyable dinner.
아주 즐거운 저녁식사였습니다.

아래 해석을 활용하여 나만의 답변을 완성해 보세요.

TRANSLATION

최근에 가족과 함께 고깃집에 저녁을 먹으러 갔습니다.
　　　　　＋ 친구　＋ 동료　＋ 아내와 아이들
그 음식점은 한국식 갈비요리로 유명했습니다.
　　　　　＋ 한우　＋ 삼겹살　＋ 닭갈비
단골이기 때문에 사장님과 꽤 잘 아는 사이였습니다.
　　　　　＋ 그 곳에 처음으로 간 것이었습니다.
　　　　　＋ 음식점의 분위기가 아주 좋았고 직원들도 친절했습니다.
우리는 바로 앞에서 직접 고기를 구워 먹었습니다.
고기와 다양한 반찬들을 먹었습니다.
배가 많이 고파서 그 날 따라 음식이 더욱 맛있었습니다.
고기를 충분히 먹은 뒤에는 마지막에 냉면도 먹었습니다.
　　　　　＋ 마지막에 된장찌개와 밥도 먹었습니다.
또 식사하면서 술도 조금 곁들였습니다.
전반적으로 아주 즐거운 저녁식사였습니다

Q3 실전문제 연습하기

Adv 어렸을 때 갔던 음식점

Now, tell me about a restaurant you used to go to as a child. What was it like? What did you eat there? Who did you go with? What do you remember most about that place?

Model Answer

Ch11-A3

When I was young, I used to go to a Korean fast food place near my school.
　　　　+ a local pizza place / + a hamburger place / + a family restaurant
　　　　+ a Chinese restaurant / + a pork cutlet restaurant / + a fried chicken place
　　　　+ Pizza Hut / + KFC / + McDonald's
My friends and I went there quite often right after school.
　　　　+ My family and I went there quite often on the weekends.
I remember having various types of Korean fast food when we went there.
　　　　+ various types of pizza + Chinese dishes + children's combo meals
We knew the owner well, because we were regulars there.
She used to give us free side dishes sometimes.
I still remember how good the food was. It tasted amazing.
It was a big deal to go there.
I still have Korean fast food from time to time.
However, the food I had at that place was the best.

CORE EXPRESSIONS

- used to ~하곤 했다
- pork cutlet 돈까스
- right after school 방과후
- regular 단골
- be a big deal 신나는 일이다
- local pizza place 동네 피자집
- quite often 꽤 자주
- various types of Korean fast food 다양한 종류의 분식
- taste amazing 놀라울 정도로 맛있다
- from time to time 가끔, 때때로

Point Up!

❶ 관용 문구 used to ~하곤 했다

I **used to** go to a Korean fast food place near my school.

학교 근처에 있는 한국 분식집에 가곤 했습니다.

❷ 빈도구문 quite often 제법 자주

My friends and I went there **quite often** right after school.

학교 근처에 있는 한국 분식집에 제법 자주 가곤 했습니다.

❸ 관용 문구 I remember having 먹었던 기억이 난다

I remember having various types of Korean fast food when we went there.

거기 갔을 때 다양한 종류의 한국 분식을 먹었던 기억이 납니다.

❹ 관용 문구 tasted amazing 맛이 환상적이었다

It **tasted amazing.**

정말 맛있었습니다.

❺ 관용 문구 was a big deal 신나는 일이었다

It **was a big deal** to go there.

거기 가는 것은 신나는 일이었습니다.

아래 해석을 활용하여 나만의 답변을 완성해 보세요.

TRANSLATION

제가 어렸을 때, 학교 근처에 있는 한국 분식집에 가곤 했습니다.
　　　　　＋ 동네 피자집 / ＋ 햄버거 가게 / ＋ 패밀리 레스토랑
　　　　　＋ 중국집 / ＋ 돈까스 가게 / ＋ 치킨집
　　　　　＋ 피자헛 / ＋ KFC / ＋ 맥도날드
친구들과 저는 방과 후에 그 곳에 꽤 자주 갔습니다.
　　　　　＋ 저는 가족과 주말에 그 곳에 꽤 자주 갔습니다.
거기 갔을 때 다양한 종류의 한국 분식을 먹었던 기억이 납니다.
　　　　　＋ 다양한 종류의 피자 ＋ 중국 요리 ＋ 어린이용 세트
단골이라서 주인과도 잘 아는 사이였습니다.
가끔씩 사이드 메뉴를 서비스로 주기도 했습니다.
아직도 그곳의 음식이 얼마나 맛있었는지 생각이 납니다. 정말 맛있었습니다.
거기 가는 일 만으로도 신나는 일이었습니다.
지금도 분식을 가끔씩 먹곤 합니다.
하지만 어릴 때 먹던 그 음식점의 음식이 최고였습니다.

Level-Up!

한국인의 말하기 취약점 분석

관용 문구가 부족하다.
[생소한 이름] 관용 문구의 강화

생소한 단어, 혹은 새로운 정의를 내릴 때에는 '~라고 부르는' 이라는 called 표현을 써야한다. 오픽 시험을 볼 때, 한국 단어나 지명을 쓸 일이 있으면 생소한 단어를 그대로 말하기 보다는 앞에 설명하는 문구를 먼저 주고, 바로 뒤에 called 를 써서 이름을 붙여 주는 것이 고득점 표현법이다. 영어 수준이 높은 수록 생소한 단어를 먼저 제시하지는 않는다.

called의 사용

~라고 부르는

Korean-style ribs called 갈비
Korean beef called 한우
thinly sliced pork called 삼겹살
Korean rice wine called 막걸리
a Korean drink called 소주
a bullet train called the KTX 초고속열차 KTX
an island called 독도

QUIZ

The place was famous for a spicy chicken dish _____ 닭갈비.
그 곳은 닭갈비 라고 불리는 매운 닭고기 요리로 유명한 곳 이었다.

We had some cold noodles _____ 냉면.
냉면이라고 부르는 차가운 국수요리를 먹었습니다.

I ordered it on a Korean site _____ Interpark.
인터파크라 부르는 한국 사이트에서 주문 했습니다.

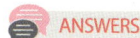 ANSWERS   called / called / called

Chapter 12

공통형 주제 |
FURNITURE 가구

● 주제에 알맞은 다양한 문항 유형을 알아보세요.

| 묘사 | 집에 있는 가구 묘사 |

| 서술 | 특정 가구를 무엇에 하는데 사용하는지 |

| 서술 | 가구에 생긴 문제, 해결 방법 |

다음 질문을 듣고 질문의 키워드를 확인해 보세요.

 Ch12-Q1~3

1 [Int] 집에 있는 가구 묘사

What kind of furniture do you have at home? Plus, what is your favorite piece of furniture? Why do you like it?

집에 어떤 종류의 가구를 가지고 있습니까? 또 가장 좋아하는 가구는 무엇입니까? 왜 그것을 가장 좋아합니까?

2 [Int] 특정 가구를 무엇을 하는데 사용하는지

What do you use your furniture for? Tell me what each piece of furniture is used for and why it is useful.

가구를 무엇을 하는데 사용하십니까? 각 가구들이 어떻게 사용되는지, 그것이 왜 유용한지 말해주십시오.

3 [Adv] 가구에 생긴 문제, 해결 방법

Tell me about a time when you had problems with your furniture. Perhaps it could've gotten damaged for some reason. Tell me what exactly happened and how you solved the problem.

가구에 문제가 생겼을 때에 대해 이야기해 주십시오. 아마 어떤 이유에서 손상되었을 수도 있습니다. 정확히 어떤 일이 일어났는지, 어떻게 문제를 해결했는지 말해주십시오.

Q1 실전문제 연습하기

Int 집에 있는 가구 묘사

What kind of furniture do you have at home? Plus, what is your favorite piece of furniture? Why do you like it?

Model Answer

There are many types of furniture in my house.
First, there is a sofa in the living room. There is a tea table in front of that.
In my bedroom, I have a desk and a chair. I also have a bookshelf and a bed.
My bed is my favorite piece of furniture because I love to sleep.
It's a very comfy bed. I have had it for a long time.
Plus, I have some built-in closets in my room.
Because the closets are built into the wall, I have more space in my room.
　　　　　+ My vanity table is my favorite piece of furniture because I do my make-up there.
So, there it is. These are the furniture I have at home.

CORE EXPRESSIONS

- many types of furniture 많은 종류의 가구
- bookshelf 책꽂이
- favorite piece of furniture 가장 좋아하는 가구
- for a long time 오랫동안, 장기간
- be built into the wall 벽에 들어가 있다
- vanity table 화장대

- tea table 응접실 테이블, 차 테이블
- bedroom 침실
- comfy 편안한 (comfortable 줄임말)
- built-in closet 붙박이 장
- have more space 공간이 더 많다
- do one's make-up 화장을 하다

Point Up!

❶ 관용 문구 love to sleep 자는 것을 매우 좋아하다
My bed is my favorite piece of furniture because I love to sleep.
저는 자는 걸 너무 좋아해서 침대는 제가 제일 좋아하는 가구입니다.

❷ 형용사 comfy 편안한
It's a very comfy bed.
너무도 편한 침대입니다.

❸ 현재완료 have had 사용해 왔다
I have had it for a long time.
오랫동안 사용해 왔습니다.

❹ 수동태 be built into ~에 들어가 있다, 내장되어 있다
Because the closets are built into the wall, I have more space in my room.
옷장이 벽에 박혀 있기 때문에 방에 공간이 더 많습니다.

❺ 합성어 built-in 박혀 있는, 붙박이 형식의
I have some built-in closets in my room.
내 방에 붙박이 장들이 있습니다.

아래 해석을 활용하여 나만의 답변을 완성해 보세요.

TRANSLATION

제 집에는 다양한 종류의 가구가 있습니다.
우선, 거실에는 소파가 있습니다. 그 앞에는 응접실 테이블이 있습니다.
침실에는 책상과 의자가 있습니다. 책장도 있고 침대도 있습니다.
저는 자는 걸 너무 좋아해서 침대는 제가 제일 좋아하는 가구입니다.
너무도 편한 침대입니다. 오랫동안 사용해 왔습니다.
그리고 제 방에는 붙박이 장도 있습니다.
옷장이 벽에 박혀 있기 때문에 방에 공간이 더 많습니다.
　　　　　＋ 화장대가 가장 좋아하는 가구입니다. 그 곳에서 화장을 하기 때문입니다.
집에 가지고 있는 가구는 이 정도가 되겠습니다.

Q2 실전문제 연습하기

Int 특정 가구를 무엇을 하는데 사용하는지

What do you use your furniture for? Tell me what each piece of furniture is used for and why it is useful.

Model Answer

 Ch12-A2

I use my bed to get some sleep every single day.
My bed helps me get a good night's sleep.

Plus, I use the sofa in the living room very often as well.
I sit on it when I'm watching TV.
I sometimes lie down on it and take a nap.
It's made of leather and I like it very much.

And then, I also use my desk when I'm studying.
I also use it when I'm doing something on my computer.
There is a desk lamp on it.
I have had this desk for about 5 years.

Last of all, I use the closets and dressers in my room to store my clothes.
My shirts and coats are on hangers in the closets.
My socks and underwear are in the dressers.

CORE EXPRESSIONS

- get some sleep 잠을 자다
- get a good night's sleep 충분히 숙면을 취하다
- lie down on it 위에 눕다, 누워 있다
- made of leather 가죽으로 만든
- last of all 마지막으로
- store clothes 옷을 보관하다

- every single day 하루도 빠짐없이
- sit on it 위에 앉다
- take a nap 낮잠을 자다
- desk lamp 책상 스탠드
- closets and dressers 옷장과 서랍장
- be on hangers 옷걸이에 걸려 있다

Point Up!

❶ 관용 문구 every single day 하루도 빠짐없이
I use my bed to get some sleep every single day.
잠을 자기 위해 침대를 하루도 빠짐없이 사용합니다.

❷ GET 동사 get a good night's sleep 충분히 숙면을 취하다
My bed helps me get a good night's sleep.
침대는 숙면을 취할 수 있도록 도와줍니다.

❸ 관용 문구 take a nap 낮잠을 자다
I sometimes lie down on it and take a nap.
가끔은 누워서 낮잠도 잡니다.

❹ 현재완료 have had this desk 이 책상을 사용해 왔다
I have had this desk for about 5 years.
그 책상은 한 5년 정도 사용해 왔습니다.

❺ 전치사 on hangers 옷걸이에 걸려 있는
My shirts and coats are on hangers in the closets.
제 셔츠와 코트는 옷장 안의 옷걸이에 걸려있습니다.

아래 해석을 활용하여 나만의 답변을 완성해 보세요.

TRANSLATION

잠을 자기 위해 침대를 하루도 빠짐없이 사용합니다.
침대는 숙면을 취할 수 있도록 도와줍니다.

그리고 거실에 있는 소파도 자주 이용합니다.
텔레비전을 볼 때도 거기에 앉아 있습니다.
가끔은 누워서 낮잠도 잡니다.
가죽으로 만들어져 있는 건데 너무 좋습니다.

그리고 저는 공부할 때 책상을 사용합니다.
컴퓨터로 무엇인가를 할 때도 책상을 사용합니다.
탁상 스탠드도 있습니다.
그 책상은 한 5년 정도 사용해 왔습니다.

마지막으로 옷장이나 서랍은 제 옷을 보관할 때 사용합니다.
제 셔츠와 코트는 옷장 안의 옷걸이에 걸려있습니다.
양말이나 속옷은 서랍 안에 있습니다.

Q3 실전문제 연습하기

Adv 가구에 생긴 문제, 해결 방법

Tell me about a time when you had problems with your furniture. Perhaps it could've gotten damaged for some reason. Tell me what exactly happened and how you solved the problem.

 Model Answer  Ch12-A3

I remember when one of my chairs broke.
One of the legs got loose and fell off one day.
The chair was old and I just threw it away.

Plus, I also remember when some furniture got scratches while I was moving.
One of the dressers got scratches on the side.
It was a new dresser and I felt very upset about it.
Also, my leather sofa got ripped on the edge.
I complained to the moving company about the damage.
I told them that the furniture was in good condition before I moved.

In the end, I got compensated for the damage.
It was fortunate that I did.

CORE EXPRESSIONS

- get loose 헐거워지다, 느슨해지다
- one day 어느 날
- get a scratch 생채기가 나다, 긁히다
- on the side 옆에
- get ripped 찢어지다
- in good condition 양호한 상태의
- get compensated 보상을 받다
- fall off 떨어지다
- throw away 버리다
- while ~하는 동안
- feel upset about ~에 대해 속상해 하다
- damage 손상, 피해
- in the end 마침내, 결국

Point Up!

❶ 관용 문구 I remember when ~했던 때가 기억난다
I remember when one of my chairs broke.
의자 중 하나가 부러졌던 때가 기억납니다.

❷ GET 동사 got loose 느슨해졌다
One of the legs got loose and fell off one day.
어느 날, 다리 하나가 느슨해지더니 떨어졌습니다.

❸ 관용 문구 feel very upset 아주 속상하다
It was a new dresser and I felt very upset about it.
새 서랍장이었기 때문에 아주 속상했습니다.

❹ 관용 문구 be in good condition 멀쩡한 상태이다
The furniture was in good condition before I moved.
가구는 이사 전에 멀쩡한 상태였습니다.

❺ GET 동사 got compensated 보상 받다
I got compensated for the damage.
가구 파손에 대한 보상을 받았습니다.

아래 해석을 활용하여 나만의 답변을 완성해 보세요.

TRANSLATION

의자 중 하나가 부러졌던 때가 기억납니다.
어느 날 다리 하나가 느슨해지더니 떨어졌습니다.
그 의자는 오래된 것이어서 그냥 버렸습니다.

또 이사를 하다가 가구가 긁혔던 때도 기억납니다.
서랍장 중 하나의 옆 쪽이 긁혔습니다.
새 서랍장이었기 때문에 아주 속상했습니다.
그리고 가죽 소파도 가장자리가 찢어졌습니다.
손상에 대해서 이사 업체에 항의를 했습니다.
옮기기 전에는 멀쩡한 상태였다고 말했습니다.

결국에는 가구 파손에 대한 보상을 받았습니다.
그렇게 해서 다행인 것 같습니다.

Level-Up! 한국인의 말하기 취약점 분석

현재 완료가 부족하다.
[일상 생활] 현재 완료의 강화

현재 완료는 과거에서 시작해서 현재까지 계속 진행되고 있을 때 쓰는 시제이다. 우리나라 사람들이 가장 큰 취약점 중 하나가 바로 현재완료를 쓰지 않고 현재시제나 과거시제를 쓰는 것이다. 과거에서 비롯되어 현재까지 영향을 미칠 때는 현재완료인 have(has) + p.p를 써야 한다. 현재완료 시제를 정확히 구사한다면 AL수준의 문법을 구사하는 것이다.

현재완료 시제의 사용

have + p.p.

I **have had** it for a long time.
오랫동안 가지고 있었습니다.

I **have had** this desk for about 5 years.
이 책상을 5년 째 가지고 있습니다.

Korean movies **have become** much better than in the past.
예전보다 한국 영화는 훨씬 나아졌습니다.

Our lives **have become** much easier thanks to the internet.
인터넷 덕분에 우리 삶이 훨씬 쉬워졌습니다.

Restaurants **have changed** a lot over the years.
음식점은 수년 간 변화했습니다.

QUIZ

I _____ this phone for about two years now.
나는 이 핸드폰을 2년 째 쓰고 있다.

Cell phones _____ a lot in the last 20 years.
핸드폰은 최근 20년간 정말 많이 바뀌어 왔다.

Transportation _____ a lot faster than in the past.
교통은 과거에 비해 훨씬 더 빨라졌다.

 ANSWERS   have had / have changed / has gotten

Chapter 13 TRANSPORTATION 교통

공통형 주제 |

● 주제에 알맞은 다양한 문항 유형을 알아보세요.

서술	우리나라의 교통편, 사람들 이동 방법
과거 경험	교통편 변화 서술
과거 경험	교통편 사용 중 문제점

다음 질문을 듣고 질문의 키워드를 확인해 보세요.

 Ch13-Q1~3

1 `Int` 우리나라의 교통편, 사람들 이동 방법

How do people in your country move around? What kinds of transportation do people use? Do they drive their cars or use public transportation such as the train or the bus?

당신의 나라에서는 사람들이 어떻게 이동합니까? 사람들이 어떤 종류의 교통수단을 이용합니까? 운전을 하고 다닙니까 아니면 기차나 버스 같은 대중교통을 이용합니까?

2 `Adv` 교통편 변화 서술

Tell me how transportation has changed over the years. How is the way people move around different now compared to the past?

수 년 간 교통수단이 어떻게 변화했는지 이야기해 주십시오. 예전과 비교해서 요즘 사람들이 움직이는 방식이 어떻게 다릅니까?

3 `Adv` 교통편 사용 중 문제점, 해결 방법

Tell me about a time when you had trouble using transportation. Perhaps your car could've broken down or you might've run into a traffic jam. What exactly happened and how did you deal with the situation?

교통편을 이용하다가 문제가 생겼던 때에 대해 이야기해 주십시오. 아마 차가 고장 났을 수도 있고 차가 막혔을 수도 있습니다. 정확히 어떤 일이 일어났고 어떻게 상황을 해결하셨습니까?

Q1 실전문제 연습하기

Int 우리나라의 교통편, 사람들 이동 방법

How do people in your country move around? What kinds of transportation do people use? Do they drive their cars or use public transportation such as the train or the bus?

 Model Answer  Ch13-A1

People move around in various ways in our country.
Public transportation is very well-organized in Korea.
Many people take the bus, the subway or the train to get somewhere.
　　　+ I use the subway (bus) most often myself.
　　　+ I take the subway (bus) when I go to work.
　　　+ The subway is convenient because I can go everywhere on the subway.
　　　+ You can check when the buses are coming on smartphone apps these days.

On the other hand, there are people who drive their own cars as well.
The traffic can get very bad sometimes though.
Parking is another problem if you drive your car somewhere.
　　　+ I got my driver's license in 2002.
　　　+ I drive my own car most of the time (from time to time).
Overall, people use public transportation or drive their own cars to move around.

CORE EXPRESSIONS

- move around 돌아다니다
- well-organized 정비가 잘 된
- convenient 편리한
- on the other hand 반면에, 한편
- get one's driver's liscense 면허를 따다
- in various ways 다양한 방법으로
- public transportation 대중교통
- get somewhere 어딘가에 도착하다
- go everywhere 어디에든 가다
- traffic 차량 소통
- overall 전반적으로

Point Up!

❶ 구동사 **move around** 돌아다니다
People move around in various ways in our country.
우리나라에서 사람들은 다양한 방법으로 돌아다닙니다.

❷ 합성어 **well-organized** 정비가 잘 된
Public transportation is very well-organized in Korea.
한국은 대중교통이 잘 정비되어 있습니다.

❸ GET 동사 **get somewhere** 어딘가에 가다, 도착하다
Many people take the bus, the subway, or the train to get somewhere.
많은 사람들이 어딘가를 가기 위해서 버스나 지하철, 혹은 기차를 이용합니다.

❹ 연결어 **on the other hand** 반면에, 한편
On the other hand, there are people who drive their own cars as well.
반면에, 자가용을 이용하는 사람도 있습니다.

❺ 관용 문구 **traffic can get very bad** 교통이 매우 혼잡해질 수 있다
The traffic can get very bad sometimes.
교통이 가끔 매우 혼잡해질 때도 있습니다.

아래 해석을 활용하여 나만의 답변을 완성해 보세요.

TRANSLATION

우리나라에서 사람들은 다양한 방법으로 돌아다닙니다.
한국은 대중교통이 잘 정비되어 있습니다.
많은 사람들이 어딘가를 가기 위해서 버스나 지하철, 혹은 기차를 이용합니다.
　　　　　＋ 지하철을 (버스를) 가장 자주 이용합니다.
　　　　　＋ 출근할 때 지하철을 (버스를) 탑니다.
　　　　　＋ 지하철로 어디든지 갈 수 있기 때문에 지하철이 편리합니다.
　　　　　＋ 요즘에는 스마트폰 앱으로 버스가 언제 오는지 확인할 수 있습니다.

반면에 자가용을 이용하는 사람도 있습니다.
하지만 교통이 매우 혼잡해질 때도 있습니다.
차를 가지고 나오면 주차를 하는 것도 또 다른 문제점이 될 수 있습니다.
　　　　　＋ 저는 2002년에 운전면허를 땄습니다.
　　　　　＋ 저는 거의(가끔씩) 자가용을 이용합니다.
정리하자면 사람들은 대중교통을 이용하거나 자가용을 이용해서 이동합니다.

Q2 실전문제 연습하기

Adv 교통편 변화 서술

Tell me how transportation has changed over the years. How is the way people move around different now compared to the past?

 Model Answer  Ch13-A2

Transportation has gotten a lot faster than in the past.
For instance, trains have become much faster.
Korea now has a bullet train called the KTX.
The KTX can run as fast as 300km/hr.
It's much faster than ordinary trains.
It takes half the time to get somewhere now.
Many people use the KTX instead of planes these days.
　　　　+ I used the KTX when I was going on a business trip last year.
　　　　+ It took less than two hours to get to my destination.
Plus, vehicles have also become a lot faster than in the past.
Once again, transportation in general has become much faster these days.

CORE EXPRESSIONS

- for instance 예를 들어
- as fast as 300km/hr 최대 시속 300km까지
- take half the time 절반의 시간이 걸리다
- go on a business trip 출장 가다
- in general 일반적으로
- bullet train 초고속 열차
- ordinary train 일반 열차
- instead of planes 비행기 대신에
- vehicle 차량

Point Up!

❶ `비교급` a lot faster 훨씬 더 빠른
Transportation has gotten a lot faster than in the past.
교통수단은 과거에 비교해서 훨씬 더 빨라졌습니다.

❷ `현재완료` have become much faster 훨씬 더 빨라져왔다
For instance, trains have become much faster.
예를 들어, 기차가 훨씬 빨라졌다고 할 수 있습니다.

❸ `관용 문구` bullet train 초고속 기차
Korea now has a bullet train called the KTX.
한국에는 이제 KTX라고 부르는 초고속 열차가 있습니다.

❹ `TAKE 동사` take half time 시간이 절반으로 걸리다
It takes half the time to get somewhere now.
어디를 가든 시간이 절반으로 줄어들었습니다.

❺ `연결어` Once again 다시 한번 말하자면
Once again, transportation in general has become much faster these days.
다시 말해서, 오늘날의 교통수단은 전반적으로 훨씬 빨라졌습니다.

아래 해석을 활용하여 나만의 답변을 완성해 보세요.

TRANSLATION

교통수단은 과거에 비교해서 훨씬 더 빨라졌습니다.
예를 들어 기차가 훨씬 빨라졌다고 할 수 있습니다.
한국에는 이제 KTX라고 부르는 초고속 열차가 있습니다.
KTX는 최고 시속 300km까지 달릴 수 있습니다.
보통 열차보다 훨씬 더 빠릅니다.
어디를 가든 시간이 절반으로 줄어들었습니다.
요즘에는 많은 사람들이 비행기 대신 KTX를 이용합니다.
　　　　　＋ 작년에 출장을 갔을 때 KTX를 이용했습니다.
　　　　　＋ 목적지 까지 가는 데 2시간도 걸리지 않았습니다.
물론 자동차도 예전보다 훨씬 빨라졌습니다.
다시 말하자면, 오늘날의 교통수단은 전반적으로 훨씬 빨라졌습니다.

Q3 실전문제 연습하기

Adv 교통편 사용 중 문제점, 해결 방법

Tell me about a time when you had trouble using transportation. Perhaps your car could've broken down or you might've run into a traffic jam. What exactly happened and how did you deal with the situation?

Model Answer

 Ch13-A3

I remember when I was stuck in traffic forever.
It was during the holiday season.
I was going to my hometown for the holidays.
　　　+ It was Monday morning and I was heading to work.
The roads were packed with cars.
It took me hours and hours to get to my destination.
　　　+ It took almost two hours to get to work.
It should've only taken two hours or less.
　　　+ It should've only taken less than an hour.
It was very tiring to be stuck in traffic like that.
　　　+ I was 20 minutes late for work that day.
I regretted not heading out early.
　　　+ I regretted not taking the subway.
Ever since that incident, I always head out early during the holiday season.
　　　+ I always take the subway when there is a lot of traffic.
　　　+ There is no traffic on the subway, and it takes less time.

CORE EXPRESSIONS

- be stuck in traffic 교통이 막히다, 정체되다
- go to one's hometown 고향에 가다
- be packed with cars 차가 미어터지다, 차로 꽉 차다
- should have taken 걸렸어야 했다
- head out early 일찍 출발하다
- during the holiday season 명절 기간
- head to work 직장으로 향하다
- take hours and hours 몇 시간이나 걸리다
- regret 후회하다
- ever since that incident 그 사건 이후로

Point Up!

❶ 관용 문구 **be stuck in traffic** 교통이 막히다
I remember when I was stuck in traffic forever.
차가 막혀서 꼼짝도 못했던 기억이 납니다.

❷ 관용 문구 **be packed with** ~로 가득하다
The roads were packed with cars.
도로가 차들로 꽉 차 있었습니다.

❸ 관용 문구 **hours and hours** 몇 시간이나
It took me hours and hours to get to my destination.
목적지까지 가는 데 몇 시간이나 걸렸습니다.

❹ 조동사 **should've taken** (~시간이) 걸렸어야 했다
It should've only taken two hours or less.
두 시간도 안 걸렸어야 합니다.

❺ 구동사 **head out** 출발하다
Ever since that incident, I always head out early during the holiday season.
그 사건 이후로 명절에는 항상 일찍 출발합니다.

아래 해석을 활용하여 나만의 답변을 완성해 보세요.

TRANSLATION

차가 막혀서 꼼짝도 못했던 기억이 납니다.
휴가철 이었습니다.
명절 때문에 고향에 내려가고 있던 중이었습니다.
　　　+ 월요일 아침이었고 출근하는 중이었습니다.
도로가 차들로 꽉 차 있었습니다.
목적지까지 가는 데 몇 시간이나 걸렸습니다.
　　　+ 출근하는 데 거의 2시간이 걸렸습니다.
2시간도 안 걸렸어야 합니다.
　　　+ 보통 1시간도 걸리지 않는 거리입니다.
그렇게 교통 체증에 걸리면 아주 피곤합니다.
　　　+ 그 날 20분이나 지각했습니다.
일찍 출발하지 않은 것을 후회했습니다.
　　　+ 지하철을 타지 않은 것을 후회했습니다.
그 사건 이후로 명절에는 항상 일찍 출발합니다.
　　　+ 교통량이 많을 때는 항상 지하철을 탑니다.
　　　+ 지하철은 막히지 않고 시간도 덜 걸립니다.

Level-Up! 한국인의 말하기 취약점 분석

관용 문구가 턱없이 부족하다.
[교통 관련] 관용 문구의 강화

교통과 관련된 질문이 나온다면 다양한 교통 관련 단어들을 최대한 많이 사용해 context and content 가산점을 획득하는 것이 좋다. 특히 traffic은 교통 이라는 뜻 뿐만 아니라 차가 막힐 때, 차가 없을 때 등 교통과 관련된 모든 상황에서 유용하게 쓸 수 있는 단어이다. 맥락에 맞는 표현을 빈도수 높게 사용하여 오픽에서 고득점을 받을 수 있도록 해야 한다.

교통 관련 관용 문구 사용

traffic

The traffic can get very bad sometimes.
종종 차가 심하게 막힐 수 있습니다.

I remember when I was stuck in traffic forever.
교통 체증에 오랫동안 갇혀있던 때가 기억납니다.

I take the subway when there is a lot of traffic.
차가 막힐 때는 지하철을 탑니다.

There is no traffic on the subway, and it takes less time.
지하철은 막히지도 않고, 시간도 더 적게 걸립니다.

The traffic was bumper-to-bumper.
차가 꼬리에 꼬리를 물고 있었습니다.

QUIZ

There is _____ early in the morning.
이른 아침에는 차가 막히지 않는다.

There was _____ on the roads.
도로상에 차량이 엄청 많았다.

I was _____ for a long time.
오랫동안 교통 체증에 발이 묶여 있었다.

 ANSWERS   no traffic / a lot of traffic / stuck in traffic

Chapter 14

공통형 주제 |
WEATHER 날씨

● 주제에 알맞은 다양한 문항 유형을 알아보세요.

| 서술 | 우리나라 기후 및 계절 특징 |

| 변화 서술 | 기후 및 날씨 변화 |

| 과거 경험 | 날씨 관련 에피소드 |

 다음 질문을 듣고 질문의 키워드를 확인해 보세요.  Ch14-Q1~3

1 `Int` 우리나라 기후 및 계절 특징

Tell me about the weather in your country. How are the seasons? What is the weather like in each season? Tell me everything about the weather.

당신의 나라의 기후에 대해 이야기해 주십시오. 각 계절마다 날씨가 어떤가요? 계절에 대한 모든 것을 말해주십시오.

2 `Adv` 기후 및 날씨 변화

How has the weather in your country changed over the years? Is the weather different from what it used to be? How has it changed?

몇 년 간 당신의 나라의 기후가 어떻게 변했습니까? 기후가 예전과 다릅니까? 어떻게 변했습니까?

3 `Adv` 날씨 관련 에피소드, 해결 방법

Tell me about a memorable incident related to the weather. What was the problem and how did you deal with the situation? What made that incident unforgettable?

날씨와 관련된 기억에 남는 에피소드에 대해 이야기해 주십시오. 문제가 무엇이었고 상황을 어떻게 해결했습니까? 무엇이 그 사건을 잊을 수 없게 만들었습니까?

Q1 실전문제 연습하기

Int 우리나라 기후 및 계절 특징

Tell me about the weather in your country. How are the seasons? What is the weather like in each season? Tell me everything about the weather.

 Model Answer

 Ch14-A1

Korea has four distinct seasons: spring, summer, fall, and winter.
Each season has something to offer.
In spring and fall, the weather is very nice.
The temperatures are very mild and there is a nice breeze.
We get perfect picnic weather on many days.
It drizzles off and on in spring, but it's sunny most of the time.

On the other hand, summer is extremely hot in Korea.
We have the monsoon season and it rains a lot.
It pours when it rains in summer.
It's very sticky because it gets very humid.
Winter is completely the opposite.
It's freezing cold and we get a lot of snow in winter.
All in all, Korea's four seasons are quite distinct.

CORE EXPRESSIONS

- four distinct seasons 뚜렷한 사계절
- mild 온화한, 순한
- drizzle 보슬보슬 비가 내리다
- on the other hand 반면에
- monsoon season 장마
- sticky 끈적끈적한
- completely the opposite 완전히 반대다
- all in all 대체로
- temperature 기온
- breeze 산들바람
- off and on 때때로, 가끔
- extremely hot 극도로 더운
- pour 비가 퍼붓다
- get very humid 매우 습해지다
- freezing cold 엄청나게 추운

Point Up!

❶ 관용 문구 four distinct seasons 뚜렷한 4계절
Korea has four distinct seasons.
한국에는 뚜렷한 4계절이 있습니다.

❷ 관용 문구 has something to offer 특색이 있다
Each season has something to offer.
각각 계절은 특색이 있습니다.

❸ 빈도 구문 off and on 때때로, 가끔
It drizzles off and on in spring.
봄에는 보슬비가 가끔 내립니다.

❹ 형용사 sticky / humid 끈적끈적한 / 습한
It's very sticky because it gets very humid.
매우 습하기 때문에 끈적거리기도 합니다.

❺ GET 동사 get a lot of snow 눈이 많이 오다
It's freezing cold and we get a lot of snow in winter.
겨울에는 엄청 나게 춥고 눈이 많이 옵니다.

아래 해석을 활용하여 나만의 답변을 완성해 보세요.

TRANSLATION

한국에는 뚜렷한 4계절이 있습니다. 봄, 여름, 가을, 그리고 겨울입니다.
각각 계절은 특색이 있습니다.
봄과 가을의 날씨는 아주 좋습니다.
온도도 적당하고 신선한 바람이 붑니다.
나들이 가기에 완벽한 날들이 많습니다.
봄에는 보슬비가 가끔 내리기도 하지만 대부분은 맑은 날들입니다.

반면에 한국의 여름은 아주 덥습니다.
장마 시기도 있어서 비가 아주 많이 옵니다.
여름에 비가 오면 퍼붓듯이 옵니다.
매우 습하기 때문에 끈적거리기도 합니다.
겨울은 완전히 반대입니다.
겨울에는 꽁꽁 얼도록 춥고 눈도 아주 많이 옵니다.
정리하자면, 한국의 4계절은 매우 뚜렷합니다.

Q2 실전문제 연습하기

Adv 기후 및 날씨 변화

How has the weather in your country changed over the years? Is the weather different from what it used to be? How has it changed?

 Model Answer  Ch14-A2

We still have four seasons in Korea.
However, spring and fall have become shorter than in the past.
It's hard to tell when spring or fall starts and ends.

Plus, it seems to rain a little more in summer.
The rainy season has gotten longer than in the past.
Also, we are getting more snow in winter.
Winter has also become colder and longer.

So, that's how it is.
Spring and fall have become shorter, while summer and winter have become longer.

CORE EXPRESSIONS

- become shorter 더 짧아지다
- be hard to tell 구분하기 어렵다
- rainy season 장마철
- four seasons 사계절
- seem to rain a little more 비가 좀 더 많이 내리는 것 같다
- become colder and longer 점점 더 추워지고 길어지다

Point Up!

❶ 현재완료 have become shorter 더 짧아졌다
Spring and fall have become shorter than in the past.
봄과 가을은 예전에 비해 짧아졌습니다.

❷ 관용 문구 hard to tell 구분하기 어려운
It's hard to tell when spring or fall starts and ends.
봄과 가을이 언제 시작하고 끝나는지 말하기 어려울 정도입니다.

❸ 관용 문구 it seems to ~처럼 보이다
It seems to rain a little more in summer.
여름에는 비가 좀 더 많이 오는 것 같아 보입니다.

❹ 현재진행 시제 are getting more snow 눈이 더 많이 온다
We are getting more snow in winter.
겨울에는 눈이 더 많이 오고 있습니다.

❺ 현재완료/비교급 have become longer 더 길어져 왔다
Summer and winter have become longer.
여름과 겨울은 더 길어지고 있습니다.

아래 해석을 활용하여 나만의 답변을 완성해 보세요.

TRANSLATION

한국에는 아직도 4계절이 있습니다.
그러나 봄과 가을은 예전에 비해 짧아졌습니다.
봄과 가을이 언제 시작하고 끝나는지 말하기 어려울 정도입니다.

또 여름에는 비가 좀 더 많이 오는 것 같아 보입니다.
장마철이 과거보다 길어졌습니다.
겨울에는 눈이 더 많이 오고 있습니다.
또한 겨울 역시 더 추워지고 길어졌습니다.

이 정도인 것 같습니다.
봄과 가을은 짧아지는 반면, 여름과 겨울은 길어지고 있습니다.

Q3 실전문제 연습하기

Adv 날씨 관련 에피소드, 해결 방법

Tell me about a memorable incident related to the weather. What was the problem and how did you deal with the situation? What made that incident unforgettable?

Model Answer   Ch14-A3

I remember when I didn't have an umbrella with me on a rainy day.
It was pouring very heavily. I got caught in the rain.
When I got home, I was soaking wet.
My bag and cell phone got wet as well.
I even caught a cold because I got wet.
Ever since that incident, I always pack an umbrella during the rainy season.

CORE EXPRESSIONS

- on a rainy day 비 오는 날에
- get caught in rain 비를 맞다
- catch a cold 감기 들다
- pack an umbrella 우산을 챙기다
- pour very heavily 심하게 퍼붓다
- soaking wet 흠뻑 다 젖은
- ever since that incident 그 사건 이후로
- during the rainy season 장마철에

Point Up!

❶ 전치사구 on a rainy day 비 오는 날에
I remember when I didn't have an umbrella with me on a rainy day.
한번은 비가 오는 날에 우산을 안 가져 온 기억이 납니다.

❷ 부사 very heavily 아주 심하게
It was pouring very heavily.
비가 아주 심하게 퍼부었습니다.

❸ GET 동사 get caught in the rain 비를 맞다
I got caught in the rain.
비를 맞게 되었습니다.

❹ 관용 문구 soaking wet 흠뻑 다 젖은
When I got home, I was soaking wet.
집에 왔을 때는 온몸이 흠뻑 젖었습니다.

❺ 관용 문구 pack an umbrella 우산을 챙기다
Ever since that incident, I always pack an umbrella during the rainy season.
그 사건 이후로, 장마철에 저는 집을 나서기 전에 항상 우산을 챙깁니다.

아래 해석을 활용하여 나만의 답변을 완성해 보세요.

TRANSLATION

한번은 비가 오는 날에 우산을 안 가져 온 기억이 납니다.
비가 아주 심하게 퍼부었습니다. 비를 맞게 되었습니다.
집에 왔을 때는 온몸이 흠뻑 다 젖었습니다.
가방과 휴대전화도 젖었습니다.
심지어 몸이 젖어서 감기까지 걸렸습니다.
그 사건 이후로 장마철에 저는 집을 나서기 전에 항상 우산을 챙깁니다.

Level-Up! 한국인의 말하기 취약점 분석

관용 문구가 턱없이 부족하다.
[날씨 관련] 관용 문구의 강화

날씨에 대한 질문이 나왔을 때 hot, cold의 기본적인 형용사만 쓰는 것 만으로는 절대 좋은 등급을 받을 수 없다. 오픽의 Context and Content 평가 요소는 각 주제 맥락에 맞는 표현을 얼마나 많이 쓰는지를 평가하기 때문에 날씨와 관련된 다양한 표현을 써야 한다. 예를 들면 '춥다'라는 표현을 할 때도 단순히 cold라고 말 하는 것이 아니라 '엄청나게 추운' 이라는 freezing cold를 대신 써서 강조를 한다면 고득점을 받을 수 있다.

날씨 관련 용어 정리

The weather is very mild in spring and fall.
봄과 가을에는 기온이 매우 온화합니다.

It's extremely hot and sticky in summer.
여름에는 아주 덥고 끈적끈적합니다.

It's freezing cold in winter.
겨울에는 엄청나게 춥습니다.

It drizzles when it rains in spring.
봄에는 비가 보슬보슬 옵니다.

It pours during the monsoon season.
장마 때는 비가 퍼붓습니다.

The morning lows are about 15 degrees Celsius.
아침 최저기온은 섭씨 15도 정도입니다.

The afternoon highs are about 20 degrees Celsius.
오후 최고기온은 섭씨 20도 정도입니다.

QUIZ

It's very _____ because it gets very humid.
매우 습해지기 때문에 굉장히 끈적끈적하다.

The weather is very hot and _____.
날씨가 매우 덥고 습하다.

It _____ when it rains in the summer.
여름에 비가 올 때는 비가 퍼붓는다.

 ANSWERS   sticky / humid / pours

Chapter 15

공통형 주제 |
BANKS 은행

● 주제에 알맞은 다양한 문항 유형을 알아보세요.

묘사	은행 묘사, 은행 업무 설명
변화 서술	은행의 변화상 서술
과거 경험	은행 업무 중 있었던 문제

주제에 알맞은 다양한 문항 유형을 알아보세요.

 Ch15-Q1~3

1 `Int` 은행 묘사, 은행 업무 설명

Let's talk about the bank you go to. **Where is it located and what is it like?** Tell me everything about what goes on when you visit the bank.

당신이 가는 은행에 대해 이야기해 봅시다. 어디에 위치했고 어떻게 생겼습니까? 은행에 가면 일어나는 모든 일에 대해 이야기해 주십시오.

2 `Adv` 은행의 변화상 서술

Banks have changed over the years. How are banks different from what they looked like in the past? **What kind of impact have those changes had on the customers?**

몇 년간 은행은 변화했습니다. 과거에 비해 은행이 어떻게 달라졌습니까? 그러한 변화가 손님들에게 어떤 영향을 주었습니까?

3 `Adv` 은행 업무 중 있었던 문제, 해결 방법

Problems can occur when you are at the bank. Perhaps you could've forgotten to take your ID with you. **Talk about a problem you personally had at the bank.** What exactly happened and how did you solve that problem?

은행에 있을 때 여러 문제가 일어날 수 있습니다. 아마 신분증 가져가는 것을 깜빡 했을 수도 있습니다. 개인적으로 은행에서 있었던 문제에 대해 이야기해 주십시오. 정확히 어떤 일이 일어났고 문제를 어떻게 해결했습니까?

Q1 실전문제 연습하기

Int 은행 묘사, 은행 업무 설명

Let's talk about the bank you go to. Where is it located and what is it like? Tell me everything about what goes on when you visit the bank.

 Model Answer  Ch15-A1

I usually go to the bank near my office building.
When I walk into the bank, I first pull out a number.
When they call my number, I go up to the teller.
The teller helps me take care of my business.

When I'm at the bank, I most often deposit or withdraw money.
Plus, I pay for various bills.
Next, I also exchange foreign currency when I have to go overseas.
Last of all, I also open or close bank accounts.

People who work at the bank are usually very friendly and helpful.
They are very professional.

These days, I don't go to the bank that often.
That's because I do a lot of mobile banking.
I check my balance or make wire transfers on my phone.

CORE EXPRESSIONS

- walk into the bank 은행에 들어가다
- take care of one's business 볼일을 처리하다
- pay for various bill 다양한 청구서 요금을 내다
- go overseas 해외로 가다
- friendly and helpful 친절하고 도움되는
- make wire transfers 계좌이체하다
- go up to the teller 창구 직원에게 다가가다
- deposit or withdraw money 입출금하다
- exchange foreign currency 환전하다
- open or close a bank account 은행 계좌를 열거나 해지하다
- check one's balance 잔고/잔액을 확인하다

Point Up!

❶ 관용 문구 go up to the teller 창구 직원에게 다가가다
When they call my number, I go up to the teller.
제 번호가 불리면 창구 직원에게 다가갑니다.

❶ 관용 문구 take care of my business 내 업무를 보다
The teller helps me take care of my business.
은행직원이 제가 은행 업무 보는 것을 도와줍니다.

❶ 관용 문구 exchange foreign currency 환전하다
Next, I also exchange foreign currency when I have to go overseas.
그리고 해외로 나갈 일이 있으면 환전도 합니다.

❶ 빈도 구문 don't ~ that often 자주 하는 편이 아니다
These days, I don't go to the bank that often.
요즘에는 은행에 그렇게 자주 가지 않습니다.

❶ 관용 문구 make wire transfers 계좌이체를 하다
I check my balance or make wire transfers on my phone.
전화기로 은행 잔고 확인을 하거나 계좌이체를 합니다.

아래 해석을 활용하여 나만의 답변을 완성해 보세요.

TRANSLATION

저는 보통 사무실 건물 근처에 있는 은행에 갑니다.
은행에 들어가면 먼저 순번 대기표를 뽑습니다.
제 번호가 불리면 창구 직원에게 다가 갑니다.
은행원은 제가 은행 업무 보는 것을 도와줍니다.

은행에서 저는 주로 돈을 입출금 합니다.
또 여러 가지 고지서도 납부합니다.
그리고 해외로 나갈 일이 있으면 환전도 합니다.
마지막으로 계좌를 개설하거나 닫기도 합니다.

은행에서 일하는 사람들은 보통 무척이나 친절하고 도움을 많이 줍니다.
직업정신이 투철한 거 같습니다.

요즘에는 은행에 그리 자주 가지 않습니다.
왜냐하면 모바일 뱅킹을 많이 이용하기 때문입니다.
휴대전화로 은행 잔고를 확인하거나 계좌이체를 합니다.

Q2 실전문제 연습하기

Adv 은행의 변화상 서술

Banks have changed over the years. How are banks different from what they looked like in the past? What kind of impact have those changes had on the customers?

Model Answer

The biggest change that has happened to banks is online banking.
In fact, you can now do almost everything online.

To do online banking, you need a password and an OTP.
An OTP is a small device that generates a new password every minute.
I make wire transfers most often through online banking.
I send money to various places or people.

Plus, these days, there is mobile banking as well.
You can do banking on your phone wherever you are.
It is very convenient because you can do banking on the move.

Overall, online banking has had a big impact on the banking sector.

CORE EXPRESSIONS

- device 장치
- make wire transfers 송금하다
- wherever you are 어디에 있던지 간에
- on the move 이동 중에
- banking sector 은행권
- generate a new password 새로운 비밀번호를 생성하다
- most often 가장 자주
- convenient 편리한
- have a big impact on ~에 큰 여파를 미치다

Point Up!

❶ 최상급 the biggest 가장 큰
The biggest change that has happened to banks is online banking.
은행에서 생긴 가장 큰 변화는 온라인 뱅킹입니다.

❷ 연결어 In fact 실은, 사실은
In fact, you can now do almost everything online.
사실 이제 온라인으로 거의 모든 것을 처리할 수 있습니다.

❸ 복합관계부사 wherever you are 어디있든지
You can do banking on your phone wherever you are.
휴대전화로 어디서든 모바일 뱅킹을 이용할 수 있습니다.

❹ 전치사구 on the move 이동 중에
It is very convenient because you can do banking on the move.
이동 중에도 은행 업무를 볼 수 있기 때문에 아주 편리합니다.

❺ 관용 문구 has had a big impact on ~에 큰 여파를 가져왔다
Online banking has had a big impact on the banking sector.
온라인 뱅킹은 은행권에 큰 여파를 가져왔습니다.

아래 해석을 활용하여 나만의 답변을 완성해 보세요.

TRANSLATION

은행에서 생긴 가장 큰 변화는 온라인 뱅킹 입니다.
사실 이제 온라인으로 거의 모든 것을 처리할 수 있습니다.

온라인 뱅킹을 하기 위해서는 비밀번호의 OPT키가 필요합니다.
OPT는 매번 새로운 비밀번호를 생성하는 작은 장치입니다.
제가 온라인 뱅킹으로 제일 자주 하는 것은 계좌 이체입니다.
다양한 장소와 사람들에게 송금을 합니다.

그리고 요즘은, 모바일 뱅킹도 있습니다.
휴대전화로 어디서든 모바일 뱅킹을 이용할 수 있습니다.
이동 중에도 은행 업무를 볼 수 있기 때문에 아주 편리합니다.

전반적으로 온라인 뱅킹은 은행권에 있어서 큰 영향을 가져왔습니다.

Q3 실전문제 연습하기

Adv 은행 업무 중 있었던 문제, 해결 방법

Problems can occur when you are at the bank. Perhaps you could've forgotten to take your ID with you. Talk about a problem you personally had at the bank. What exactly happened and how did you solve that problem?

Model Answer

 Ch15-A3

I remember when I went to the bank to pay a bill a few weeks ago.
I went during lunch time.
When I got to the bank, there were so many people waiting.

I pulled out a number, but there were many people waiting in front of me.
I waited for almost half an hour but it was still not my turn.

Unfortunately, lunch time was almost over, so I had to leave.
I couldn't pay my bill on time and I had to pay a late fee.
  + In the end, it took me almost an hour to take care of my business.
  + It took much longer than I expected.
Ever since that incident, I try to avoid busy hours at the bank.

CORE EXPRESSIONS

- pay a bill 청구서를 납부하다
- wait for almost half an hour 거의 30분을 기다리다
- pay one's bill on time 제때 요금을 내다
- in the end 마침내, 결국
- a few weeks ago 몇 주 전
- unfortunately 안타깝게도
- pay a late fee 연체료를 내다
- avoid busy hours 바쁜 시간대는 피하다

Point Up!

❶ 관용 문구 pay a bill 요금 청구서 납부를 하다
I remember when I went to the bank to pay a bill a few weeks ago.
몇 주 전에 요금 청구서 납부를 하러 은행에 갔던 때가 기억 납니다.

❷ GET 동사 when I got to the bank 은행에 도착했을 때
When I got to the bank, there were so many people waiting.
은행에 도착했을 때 기다리는 사람들이 아주 많았습니다.

❸ 구동사 pulled out a number 순번 대기표를 뽑았다
I pulled out a number, but there were many people waiting in front of me.
순번 대기표를 뽑았지만 제 앞에는 많은 사람들이 대기 중이었습니다.

❹ 전치사구 on time 제때에, 시간 내에
I couldn't pay my bill on time.
요금을 제때 내지 못했다.

❺ 관용 문구 pay a late fee 연체료를 내다
I had to pay a late fee.
연체료를 물어야 했다.

아래 해석을 활용하여 나만의 답변을 완성해 보세요.

TRANSLATION

몇 주 전에 요금 청구서 납부를 하러 은행에 갔던 때가 기억 납니다.
점심시간을 이용해서 다녀왔습니다.
은행에 도착했을 때 기다리는 사람들이 아주 많았습니다.

순번 대기표를 뽑았지만 제 앞에는 많은 사람들이 대기 중이었습니다.
거의 30분을 기다렸는데도 제 차례가 오지 않았습니다.

불행하게도 점심시간이 거의 다 지나서 나올 수밖에 없었습니다.
요금을 제때 내지 못해서 연체료를 내야 했습니다.
　　　　　＋ 결국 업무를 처리하는데 거의 한 시간이 걸렸습니다.
　　　　　＋ 생각했던 것 보다 훨씬 오래 걸렸습니다.
그 사건 이후로는 은행이 바쁜 시간은 피해서 가려고 합니다.

Level-Up! 한국인의 말하기 취약점 분석

일상적인 관용 문구가 턱없이 부족하다.
[일상 생활] 절반 표현의 강화

일반적으로 무언가의 절반을 나타낼 때는 half라는 명사를 쓴다. 특히나 시간과 관련된 표현에서 유용하게 쓸 수 있다. 예를 들면 30분과 같은 일정한 시간의 절반을 나타낼 때는 half를 앞에 붙여서 half an hour이라고 표현한다. 하지만 한 시간 반과 같이 추가적인 절반을 나타낼 때는 half를 뒤에 붙여서 an hour and a half라고 표현하면 된다.

half의 사용

~의 절반

I waited for almost half an hour but it was still not my turn.
거의 30분이나 기다렸지만 아직도 제 차례가 아니었습니다.

The renovation took half a week to finish.
리모델링은 마무리까지 거의 일주일의 반이 걸렸습니다.

I stayed there for a year and a half.
그 곳에 1년 반 정도 머물렀습니다.

I've had my phone for two years and a half.
휴대폰을 2년 반 째 쓰고 있습니다.

It takes half the time to get somewhere on the KTX.
KTX로 어딘가에 가면 시간이 절반만 걸립니다.

QUIZ

I go for a run for about _____.
저는 30분 정도 뛰러 갑니다.

I have lived in this apartment for _____.
이 아파트에 2년 반 째 살고 있습니다.

It only takes _____.
시간이 절반 밖에 걸리지 않습니다.

 ANSWERS   half an hour / two years and a half / half the tim

Chapter 16 GEOGRAPHY 지형

공통형 주제 |

● 주제에 알맞은 다양한 문항 유형을 알아보세요.

| 묘사 | 우리나라 지형 묘사 |

| 변화 서술 | 주로 하는 야외 활동 |

| 과거 경험 | 최근에 방문했던 장소 묘사 |

 다음 질문을 듣고 질문의 키워드를 확인해 보세요.  Ch16-Q1~3

1 Int 우리나라 지형 묘사

Tell me about the geography of your country. Are there rivers or mountains? Describe the geography in as much detail as possible.
당신 나라의 지형에 대해 이야기해 주십시오. 강과 산이 있습니까? 가능한 자세히 지형을 묘사해 주십시오.

2 Int (지형 관련) 주로 하는 야외 활동

Tell me about outdoor activities you engage in. How does the geography of your country help you do that activity? What do you usually do? How often do you do it? Who do you do it with? Give me all the details.
참가하고 있는 야외 활동에 대해 이야기해 주십시오. 지형이 그 활동을 하는 데 어떤 도움이 됩니까? 보통 어떤 활동을 합니까? 얼마나 자주 합니까? 누구와 함께 합니까? 자세히 말해주십시오.

3 Int (지형 관련) 최근에 방문했던 장소 묘사

Describe the last place you visited related to the geography of your country. What was special about that place? What did you do there? Tell me everything about the landscape and why you went there.
마지막으로 방문한 당신 나라의 지형과 관련된 장소를 묘사해 주십시오. 무엇이 특별했습니까? 그 곳에서 무엇을 했습니까? 풍경에 대한 모든 것과 그 곳에 왜 갔는지 말해주십시오.

Q1 실전문제 연습하기

Int 우리나라 지형 묘사

Tell me about the geography of your country. Are there rivers or mountains? Describe the geography in as much detail as possible.

 Model Answer  Ch16-A1

Korea is a peninsula, so there are many beaches in our country.
Some beaches are popular vacation spots, and the coastline is very scenic.
Because of this geography, people often go on vacations to coastal areas.
　　+ In fact, I went to the beach for my vacation with my family last year.
Next, there are many mountains in Korea.
In fact, 70 percent of Korea is mountains.
　　+ Many people like to go hiking or camping to the mountains.
　　+ I like to go hiking (go camping) off and on myself.
　　+ I don't like to go hiking or go camping myself, but people around me do.
Also, there are many large rivers in Korea.
Many of them run through large cities.
The most famous river in Korea is the Han River, which runs through Seoul.
　　+ There are riverside parks along the Han River.
　　+ People go there to ride bikes, have picnics, or take walks.
All in all, I think Koreans are very lucky to have this kind of diverse geography.

CORE EXPRESSIONS

- peninsula 반도
- coastline 해안선
- geography 지형
- coastal area(s) 해안 지역
- off and on 때때로, 가끔
- riverside park 강변 공원
- popular vacation spot 인기 있는 휴양지
- scenic 경치가 좋은
- go on vacations 휴가를 가다
- go hiking or camping 등산이나 캠핑을 가다
- run (물이) 흐르다
- all in all 전반적으로

Point Up!

❶ `관용 문구` **popular vacation spots** 인기 있는 휴양지
Some beaches are popular vacation spots.
몇몇 해변은 아주 인기 있는 휴양지 입니다.

❷ `관용 문구` **go on vacations** 휴가를 가다
Because of this geography, people often go on vacations to coastal areas.
이런 지형 때문에, 사람들은 해안 지역으로 휴가를 많이 떠납니다.

❸ `빈도 구문` **off and on** 때때로, 종종
I like to go hiking (go camping) off and on myself.
혼자 때때로 등산(캠핑)을 떠나는 것을 좋아합니다.

❹ `재귀대명사` **myself** 나 자신, 나
I don't like to go hiking or go camping myself, but people around me do.
저는 등산이나 캠핑 가는 것을 좋아하지 않지만, 제 주변 사람들은 좋아합니다.

❺ `형용사` **diverse** 다채로운
Koreans are very lucky to have this kind of diverse geography.
이러한 다채로운 지형적 특징을 가지고 있는 한국인들은 행운이다.

아래 해석을 활용하여 나만의 답변을 완성해 보세요.

TRANSLATION

한국은 반도 지형이기 때문에 우리나라에는 해변이 많이 있습니다.
몇몇 해변은 아주 인기 있는 휴양지입니다. 해안선이 매우 아름답습니다.
이런 지형 때문에 사람들은 해안 지역으로 휴가를 많이 떠납니다.
　　　　　＋ 실제로 저도 작년에 가족끼리 휴가로 해변에 다녀왔습니다.
다음으로 한국에는 산도 많습니다.
사실상 한국의 70퍼센트가 산으로 이루어져 있습니다.
　　　　　＋ 많은 사람들이 산으로 등산이나 캠핑을 갑니다.
　　　　　＋ 혼자 때때로 등산(캠핑)을 떠나는 것을 좋아합니다.
　　　　　＋ 저는 등산이나 캠핑 가는 것을 좋아하지 않지만, 제 주변 사람들은 좋아합니다.
또 한국에는 큰 강도 많습니다.
많은 강들이 큰 도시를 따라 흐릅니다.
한국의 가장 유명한 강은 서울을 따라 흐르는 한강입니다.
　　　　　＋ 한강을 따라서 강변 공원이 있습니다.
　　　　　＋ 사람들은 자전거를 타거나 나들이를 하거나 산책을 하러 그 곳에 갑니다.
전반적으로 이러한 다채로운 지형에 사는 한국 사람들은 운이 좋다는 생각이 듭니다.

Q2 실전문제 연습하기

> **Int** (지형 관련) 주로 하는 야외 활동
>
> **Tell me about outdoor activities you engage in.** How does the geography of your country help you do that activity? What do you usually do? How often do you do it? Who do you do it with? Give me all the details.

 Model Answer  Ch16-A2

I like to go to the beach in the summer.
When I go to the beach, I don't like to get too dark, so I first put on some sun block.
During the day, I like to swim in the ocean.
I play with the sand or play with a ball on the beach as well.
　　　+ I like to go out on a boat (to fish).
　　　+ I like to do some water sports.
　　　+ I like to go on water rides.
At night, many people enjoy themselves at the beachside.
I also go out for food and drinks with people.
　　　+ I like to drink with people right in front of the beach.
　　　+ I like to have raw fish or other types of seafood at the beach.
I sometimes play with some firecrackers on the beach.
I like taking walks along the beach.
It feels great to get some fresh air.
Last of all, I like to watch the sunrise or the sunset at the beach.
So, these are the things I do when I'm at the beach.

CORE EXPRESSIONS

- put on some sun block 자외선 차단제를 바르다
- at the beachside 바닷가에서
- go out on a boat 배타고 나가다
- go out for food and drinks 먹고 마시러 나가다
- right in front of the beach 해변 바로 앞에서
- watch the sunrise or the sunset 일출이나 일몰을 보다
- get some fresh air 맑은 공기를 마시다

- during the day 낮에는
- on the beach 모래사장 위에서
- do some water sports 수상 스포츠를 하다
- play with some firecrackers 폭죽을 가지고 놀다
- have raw fish 회를 먹다
- along the beach 해변을 따라서
- when I'm at the beach 해변에 있을 때

Point Up!

❶ `GET 동사` **get too dark** 피부가 너무 타다
I don't like to **get too dark**, so I first put on some sun block.
피부가 너무 타는 것을 좋아하지 않기 때문에, 가장 먼저 선크림을 바릅니다.

❷ `전치사` **in the ocean** 바다에 들어가서
During the day, I like to swim **in the ocean**.
낮 동안은 바닷물에 들어가서 수영 하는 것을 좋아합니다.

❸ `관용 문구` **go out for food and drinks** 먹고 마시러 나가다
I also **go out for food and drinks** with people.
사람들과 먹고 마시러 나가기도 합니다.

❹ `전치사구` **right in front of the beach** 바닷가 바로 앞에서
I like to drink with people **right in front of the beach**.
사람들과 해변 바로 앞에서 술 마시는 것을 좋아합니다.

❺ `GET 동사` **get some fresh air** 맑은 공기를 마시다
It feels great to **get some fresh air**.
신선한 공기를 마시면 기분이 좋습니다.

아래 해석을 활용하여 나만의 답변을 완성해 보세요.

TRANSLATION

저는 여름에 해변에 가는 것을 좋아합니다.
해변을 갈 때는 피부가 너무 타는 것을 좋아하지 않기 때문에, 가장 먼저 선크림을 바릅니다.
낮 동안은 바닷물에 들어가서 수영 하는 것을 좋아합니다.
모래사장 위에서 모래를 가지고 놀기도 하고 공을 가지고 놀기도 합니다.
　　　　　+ 배를 타고 나가는 것도 좋아합니다. (낚시하러)
　　　　　+ 수상 스포츠 하는 것도 좋아합니다.
　　　　　+ 물에서 타는 놀이기구를 타러 가는 것도 좋아합니다.
저녁에는 많은 사람들이 저들끼리 해변가에서 즐기며 놉니다.
저도 역시 사람들과 먹고 마시러 나갑니다.
　　　　　+ 해변 바로 앞에서 사람들과 술 마시는 것을 좋아합니다.
　　　　　+ 해변가에서 회와 해산물을 먹는 것을 좋아합니다.
가끔 해변가에서 불꽃놀이를 하기도 합니다.
해변을 따라서 산책하는 것을 좋아합니다.
신선한 공기를 마시는 것은 기분이 좋습니다.
마지막으로 바닷가에서 일몰이나 일출을 보는 것을 좋아합니다.

그래서 이런 것들이 제가 해변에 가면 하는 것들입니다.

Q3 실전문제 연습하기

Int (지형 관련) 최근에 방문했던 장소 묘사

Describe the last place you visited related to the geography of your country.
What was special about that place? What did you do there?

 **Model Answer**  Ch16-A3

I remember going to the beach for a vacation with my family two years ago.
　　　　　　　　　+ with my friends / with my parents / with my boyfriend/girlfriend
　　　　　　　　　+ last year / this summer / several years ago
We went to the beach on the East (West/South) coast of Korea.
We stayed at a beachside hotel (cabin). The place had a great ocean view.
We stayed there for three days.

During the day, we swam in the ocean and played with the sand on the beach.
We also took a lot of pictures and posted them up online on the spot.
　　　　+ We went out on a boat (to fish).
　　　　+ We also did a lot of water sports.
In the evening, we went out for some seafood.
We ate some raw fish and shellfish.
The food tasted extra good because we ate right in front of the beach.
At night, we took a walk along the beach and played with some firecrackers.
Overall, I enjoyed every minute of that vacation at the beach.

CORE EXPRESSIONS

- on the east coast 동해안에 있는
- cabin 펜션
- during the day 낮에는, 낮 동안
- on the beach 모래 사장 위에서
- on the spot 그 자리에서
- go out 외출하다, 나가다
- shellfish 어패류, 조개류
- right in front of the beach 바닷가 바로 앞에서
- take a walk along the beach 바닷가를 따라서 산책하다
- enjoy every minute 일분 일초를 즐기다

- beachside hotel 바닷가 근처의 호텔
- ocean view 바다가 보이는 전망
- swim in the ocean 바다에서 수영하다
- post up online 온라인에 게재하다
- in the evening 저녁에
- raw fish 회
- taste extra good 유난히 더 맛있다
- at night 밤에
- play with firecrackers 폭죽을 가지고 놀다

Point Up!

❶ 관용 문구 have a great ocean view 바다가 보이는 멋진 전망이 있었다
The place had a great ocean view.
바다가 보이는 멋진 전망을 가진 곳이었습니다.

❷ 전치사구 on the spot 그 자리에서
We also took a lot of pictures and posted them up online on the spot.
사진도 많이 찍었고 그 자리에서 온라인에 올렸습니다.

❸ 전치사구 right in front of the beach 바닷가 바로 앞에서
The food tasted extra good because we ate right in front of the beach.
음식이 너무나 맛있었는데 바다 바로 앞에서 먹어서 더 그런 것 같습니다.

❹ 전치사구 along the beach 해변가를 따라
At night, we took a walk along the beach.
밤에는 바닷가를 따라 산책을 했습니다.

❺ 관용 문구 enjoyed every minute 순간 순간을 즐기다, 일분 일초를 즐기다
Overall, I enjoyed every minute of that vacation at the beach.
전반적으로 그 해변에서 즐긴 휴가는 일분 일초가 모두 즐거웠습니다.

아래 해석을 활용하여 나만의 답변을 완성해 보세요.

TRANSLATION

2년 전쯤에 가족끼리 휴가 때 해변을 갔던 것이 기억납니다.
　　　　　　✚ 친구들과 / 부모님과 / 남자친구(여자친구)와
　　　　　　✚ 작년 / 이번 여름 / 몇 년 전
한국의 동해안(서해안/남해안) 쪽으로 갔있습니다.
해변가의 호텔(펜션)에서 지냈습니다. 멋진 바다가 보이는 전망을 가진 곳이었습니다.
그 곳에서 3일을 머물렀습니다.

낮에는 바닷물에 들어가서 수영을 하거나 해변 위에서 모래를 가지고 놀았습니다.
사진도 많이 찍었고 그 자리에서 온라인에 올렸습니다.
　　　　　　✚ 배를 타고 나가기도 했습니다. (낚시하러)
　　　　　　✚ 수상 스포츠도 많이 했습니다.
저녁에는 해산물을 먹으러 갔습니다.
회랑 조개를 먹었습니다.
음식이 너무나 맛있었는데 바다 바로 앞에서 먹어서 더 그런 거 같습니다.
저녁에는 해변가를 따라 산책하고 폭죽놀이를 했습니다.
전반적으로 그 해변에서 즐긴 휴가는 일분 일초가 모두 즐거웠습니다.

Level-Up! 한국인의 말하기 취약점 분석

연결어가 부족하다.
[일상 생활] 연결어의 강화

문장과 문장 사이에 다양한 연결어를 쓰는 것은 고득점 획득의 가장 필수 요소 중 하나이다. And, so와 같은 기본적인 연결어 밖에 쓰지 못하면 감점요소가 될 수 있다. 여러 가지 문장을 나열할 때는 and 대신에 "더불어"나 "또한"의 의미를 가지고 있는 next, also, plus, and then 등 다양한 연결어를 써서 등급을 상향 조정 시키도록 하자.

연결어 사용

First / Next / Also / Plus / And then / All in all

First of all, there are many beaches in Korea.
우선 한국에는 해변이 많습니다.

Next, there are many mountains in our country.
다음으로 우리 나라에는 산이 많이 있습니다.

In fact, 70 percent of Korea is mountains.
사실 한국의 70퍼센트는 산으로 이루어져 있습니다.

Also, there are many large rivers in Korea.
또 한국에는 큰 강들이 많이 있습니다.

And then, we have many islands in Korea.
그리고 한국에는 섬도 많습니다.

All in all, Koreans are very lucky to have this kind of diverse geography.
전반적으로 이러한 다채로운 지형에 사는 한국 사람은 매우 운이 좋습니다.

QUIZ

_____, I can enjoy the trees and grass when I go to parks.
또한 공원에 가면 나무와 잔디를 즐길 수 있다.

_____, there are pubs that serve beer.
더불어, 맥주를 파는 호프집도 있다.

_____, there are Korean bars that serve Korean drinks.
다음으로, 한국 술을 파는 한국 술집도 있다.

 ANSWERS   Plus / Also / Next

Chapter 17 FAMILY/FRIENDS 가족/친구

공통형 주제 |

● 주제에 알맞은 다양한 문항 유형을 알아보세요.

묘사	가족/친구 묘사
서술	가족/친구와 최근에 한 일
과거 경험	가족/친구 집에 방문했던 경험

 다음 질문을 듣고 질문의 키워드를 확인해 보세요.  Ch17-Q1~3

1 Int 가족/친구 묘사

Describe a family member or a friend you have. What is he or she like? What is special about that person? Give me all the details about that person.

가족이나 친구에 대해 묘사해 주십시오. 그/그녀는 어떤 사람입니까? 그 사람은 무엇이 특별합니까? 그 사람에 대해 자세히 말해주십시오.

2 Int 가족/친구와 최근에 한 일

Talk about what you did with your family members or friends recently. What was special about that gathering? Tell me everything about the activities you did with them.

최근에 가족이나 친구와 무엇을 했는지 이야기해 주십시오. 그 모임은 무엇이 특별했습니까? 그들과 함께 했던 활동에 관한 모든 것을 이야기해 주십시오.

3 Adv 가족/친구의 집에 방문했던 경험

Talk about a time when you visited a friend's or a relative's home. What did you do when you visited them? What was memorable about that visit?

친구나 친척의 집에 갔던 때에 대해 이야기해 주십시오. 그들을 방문했을 때 무엇을 했습니까? 기억에 남는 점은 무엇이었습니까?

Q1 실전문제 연습하기

Int 가족/친구 묘사

Describe a family member or a friend you have. What is he or she like? What is special about that person? Give me all the details about that person.

 Model Answer  Ch17-A1

Let me tell you about my parents.
My mom and dad have a lot in common.
First, they are both still quite active, so they like to do outdoor activities.
  + They like to go hiking and play golf.
  + They like to go on trips off and on.
Next, they are very family-oriented and like to have family gatherings.
  + They love to see their grandchildren.
Meanwhile, my parents are a bit different in some ways.
My dad likes to drink, but my mom doesn't.
My mom likes traveling, but my dad doesn't.
  + animals + books + movies + sports + coffee
  + Also, my dad is a good driver, but my mom isn't.

Plus, my parents have different (similar) tastes when it comes to food.
My mom likes seafood, but my dad is a meat person.
  + Both my parents like to have Japanese food.
  + So, they go out to eat at Japanese restaurants quite often.
  + My mom likes to eat out but my dad likes to eat in (order in).
So overall, my mom and dad have some similarities and some differences.

CORE EXPRESSIONS

- active 활동적인
- go on a trip 여행을 가다
- have a family gathering 가족 모임을 갖다
- when it comes to food 음식에 있어서
- eat out 외식하다
- do outdoor activities 야외 활동을 하다
- family-oriented 가정적인
- meanwhile 반면, 그동안
- order in 시켜먹다
- eat in 안에서 먹다

Point Up!

❶ 관용 문구 **have a lot in common** 공통점이 아주 많다
My mom and dad have a lot in common.
어머니와 아버지는 공통점이 아주 많습니다.

❷ 합성어 **family-oriented** 가족 중심적인
Next, they are very family-oriented and like to have family gatherings.
다음으로, 부모님은 매우 가족 중심적이시고 가족 모임을 좋아하십니다.

❸ 연결어 **Meanwhile** 한편으로
Meanwhile, my parents are a bit different in some ways.
한편으로, 우리 부모님은 여러 가지 면에서 약간 다르십니다.

❹ 연결어 **when it comes to** ~에 관한 한, ~에 관해서라면
My parents have different (similar) tastes when it comes to food.
또한 음식에 있어서 부모님은 입맛이 다릅니다 (비슷합니다).

❺ 구동사 **eat out / eat in** 외식하다 / 집에서 먹다
My mom likes to eat out but my dad likes to eat in.
어머니는 외식을 좋아하시지만, 아버지는 집에서 먹는 것을 좋아하십니다.

아래 해석을 활용하여 나만의 답변을 완성해 보세요.

TRANSLATION

저희 부모님에 대한 이야기를 할까 합니다.
어머니와 아버지는 공통점이 아주 많습니다.
먼저 두 분 다 여전히 매우 활동적이기 때문에 야외 활동을 좋아합니다.
　　　　　＋ 등산을 가거나 골프 치는 것을 좋아하십니다.
　　　　　＋ 때때로 여행 가는 것을 좋아하십니다.
다음으로 부모님은 매우 가정적이시고 가족 모임을 좋아하십니다.
　　　　　＋ 손주들 보는 것을 좋아하십니다.
반면 어머니와 아버지는 어떤 면에서는 조금 다릅니다.
아버지께서는 술을 좋아하시지만 어머니는 그렇지 않습니다.
어머니께서는 여행을 좋아하시지만 아버지는 그렇지 않습니다.
　　　　　＋ 동물 ＋ 책 ＋ 영화 ＋ 스포츠 ＋ 커피
　　　　　＋ 또 아버지는 운전을 잘하시지만 어머니는 잘 못하십니다.

또한 음식에 있어서 부모님은 입맛이 다릅니다. (비슷합니다.)
어머니는 해산물을 좋아하지만 아버지는 고기 체질입니다.
　　　　　＋ 두 분 다 일식을 좋아하십니다.
　　　　　＋ 그래서 일식당에서 자주 외식을 하십니다.
　　　　　＋ 어머니는 외식을 좋아하시지만 아버지는 집에서 먹는 것을(배달시켜 먹는 것을) 좋아하십니다.
정리하자면 어머니와 아버지는 비슷한 점과 다른 점이 조금 있습니다.

Q2 실전문제 연습하기

Int 가족/친구와 최근에 한 일

Talk about what you did with your family members or friends recently. What was special about that gathering? Tell me everything about the activities you did with them.

Model Answer Ch17-A2

[영화 / 해변 / 외식 / 술집 경험 소재 택일]
I remember having a gathering with my friends several weeks ago.
We got together at a Korean bar.
　　　　　+ a western bar + a Japanese bar + a barbeque restaurant
We did a lot of catching up over some soju and beer.
　　　　　+ wine + draft beer + sake + Whisky + cocktails
The drinks tasted extra good that day, because the mood was very good.
　　　　　+ We even went to a karaoke to drink more after that.
I ended up drinking quite a lot that day.
I got drunk actually because I drank too much.
　　　　　+ I felt like throwing up. + I threw up several times.
　　　　　+ I felt dizzy and couldn't walk properly.
　　　　　+ I got wasted and blacked out.
　　　　　+ I don't remember how I got home.
　　　　　+ I got into trouble because I got home too late.
I had a bad hangover the next day.
It took me quite a while to sober up.
But overall, it was a very enjoyable gathering with my friends.

CORE EXPRESSIONS

- have a gathering 모임을 갖다
- do a lot of catching up 밀린 이야기를 많이 하다
- karaoke 노래방
- get drunk 술 취하다
- dizzy 어지러운
- black out 필름이 끊기다
- sober up 술을 깨다
- get together 모으다, 만나다
- draft beer 생맥주
- end up drinking quite a lot 결국 술을 꽤 많이 마시다
- throw up 토하다
- get wasted 완전히 취하다
- have a hangover 숙취가 있다
- enjoyable gathering 즐거운 모임

Point Up!

❶ `GET 동사` got together 모였다
We got together at a Korean bar.
한국 전통 주점에서 모였습니다.

❷ `관용 문구` ended up drinking quite a lot 결국 많이 마시게 되다
I ended up drinking quite a lot that day.
결국 그 날 술을 제법 많이 마시게 되었습니다.

❸ `GET 동사` get drunk 술에 취하다
I got drunk actually because I drank too much.
술을 너무 많이 마셔서 좀 취했습니다.

❹ `관용 문구` had a bad hangover 심한 숙취가 있었다
I had a bad hangover the next day.
다음 날 숙취가 아주 심했습니다.

❺ `구동사` sober up 술을 깨다
It took me quite a while to sober up.
술 깨는데 꽤 시간이 걸렸습니다.

아래 해석을 활용하여 나만의 답변을 완성해 보세요.

TRANSLATION

몇 주 전 친구들과의 모임이 기억 납니다.
한국 전통 주점에서 모였습니다.
  ✚ 서양식 바 ✚ 일본식 바 ✚ 고깃집
소주와 맥주를 마시며 어떻게 지내는지 이야기를 나눴습니다.
  ✚ 와인 ✚ 생맥주 ✚ 사케 ✚ 위스키 ✚ 칵테일
그 날 따라 술 맛이 특히 좋았는데 분위기가 아주 좋았기 때문인 것 같습니다.
  ✚ 우리는 술을 더 마시기 위해 노래방에도 갔습니다.
결국 그 날 술을 꽤 많이 마시게 되었습니다.
술을 너무 많이 마셔서 좀 취했습니다.
  ✚ 토할 것 같았습니다. ✚ 몇 번 토했습니다.
  ✚ 어지러웠고 제대로 걸을 수가 없었습니다.
  ✚ 완전히 취해서 필름이 끊겼습니다.
  ✚ 어떻게 집에 왔는지 기억이 나지 않습니다.
  ✚ 집에 너무 늦게 와서 곤란했습니다.
다음날 숙취가 아주 심했습니다.
술 깨는데 꽤 시간이 걸렸습니다.
하지만 전반적으로 아주 즐거웠던 친구들과의 모임이었습니다.

Q3 실전문제 연습하기

Adv 가족/친구의 집에 방문했던 경험

Talk about a time when you visited a friend's or a relative's home. What did you do when you visited them? What was memorable about that visit?

 **Model Answer**  Ch17-A3

I remember going to my aunt's house recently.
I saw one of my cousins there.
　　　+ nephews + nieces
He (She) got married and I saw his wife (her husband) for the first time.
　　　+ He (She) was getting married and he (she) brought his(her) fiancee with him(her).
I had the chance to talk to them for a while.
They told me how they met and how they fell in love.
　　　+ They said they met in school (at work / through a blind date).
　　　+ They said they used to be friends but started to go out.
His wife was very nice and I liked her very much.
They were a very sweet couple.
I was very happy for them.
Meeting a new family member is always memorable.
　　　+ I look forward to their wedding that is coming up very soon.

CORE EXPRESSIONS

- cousin 사촌
- nephew 남자 조카
- get married 결혼하다
- fiancé(e) 약혼녀, 약혼남
- for a while 잠시 동안
- through a blind date 소개팅을 통해
- memorable 기억에 남는

- aunt 이모, 고모
- niece 여자 조카
- for the first time 처음으로
- have a chance to talk 말할 기회가 있다
- fall in love 사랑에 빠지다
- go out with ~와 사귀다
- look forward to 기대하다

Point Up!

❶ `GET 동사` **get married** 결혼을 하다
He (She) **got married** and I saw his wife (her husband) for the first time.
그(그녀)는 결혼을 했고, 그의 아내를(그녀의 남편을) 처음 보는 자리였습니다.

❷ `관용 문구` **had the chance to** ~할 기회가 있었다
I **had the chance to** talk to them for a while.
그들과 잠시 동안 함께 얘기를 나눌 기회가 있었습니다.

❸ `관용 문구` **fall in love** 사랑에 빠지다
They told me how they met and how they **fell in love**.
그들은 둘이 어떻게 만나고 어떻게 사랑에 빠지게 되었는지를 말해주었습니다.

❹ `조동사` **used to** ~하곤 했다
They said they **used to** be friends but started to go out.
친구였는데 사귀기로 했다고 했습니다.

❺ `동명사 주어` **meeting a new family member** 새로운 가족 구성원을 만나는 것
Meeting a new family member is always memorable.
새로운 가족 구성원을 만난다는 것은 항상 기억에 남습니다.

아래 해석을 활용하여 나만의 답변을 완성해 보세요.

TRANSLATION

최근에 고모 댁에 간 것이 기억납니다.
그 곳에서 사촌을 만났습니다.
　＋ 조카(남자) ＋ 조카(여자)
그(그녀)는 결혼을 했고 그의 아내를(그녀의 남편을) 처음 보는 자리였습니다.
　＋ 그(그녀)는 결혼을 앞두고 있었고 그(그녀)는 예비신부(예비신랑)을 데려왔습니다.
그들과 잠시 동안 함께 얘기를 나눌 기회가 있었습니다.
그들은 둘이 어떻게 만나게 되었는지, 어떻게 사랑에 빠지게 되었는지를 말해주었습니다.
　＋ 학교에서 (직장에서 / 소개팅으로) 만나게 되었다고 했습니다.
　＋ 친구였는데 사귀기로 했다고 했습니다.
그의 아내는 아주 착했고 저도 그녀가 마음에 들었습니다.
매우 사랑스러운 커플이었습니다.
둘을 보니 저도 매우 기뻤답니다.
새로운 가족의 일원을 만난다는 것은 항상 기억에 남습니다.
　＋ 저는 얼마 뒤에 있을 둘의 결혼식을 매우 기대하고 있습니다.

Level-Up! 한국인의 말하기 취약점 분석

연결어가 부족하다.
[일상 생활] 연결어의 강화

특정한 것에 대해 이야기를 할 때 꼭 기억해야 할 연결어 중 하나는 바로 when it comes to라는 표현이다. '~면에서, ~에 있어서'라는 뜻을 가진 이 표현은 바로 오픽에서 고득점을 받을 수 있는 표현이라고 볼 수 있다. 이러한 연결어 사용으로 문장 자체의 TEXT TYPE(문장구조)이 고급스러워지기 때문이다.

연결어 사용

when it comes to ~에 있어서

My parents have different tastes when it comes to food.
음식에 있어서 부모님은 다른 입맛을 갖고 계십니다.

I don't have a particular genre I like when it comes to movies.
영화에 있어서 특별히 좋아하는 장르는 없습니다.

Korea is a great example when it comes to recycling.
재활용에 있어서 한국은 아주 좋은 예시입니다.

I follow my own style when it comes to fashion.
패션에 있어서 저는 저만의 스타일을 따릅니다.

That's the experience I remember when it comes to transportation.
교통수단에 있어서 이 정도가 제가 기억하는 경험입니다.

QUIZ

Having a positive mindset is the key _____ your health.
건강에 있어서 가장 중요한 것은 긍정적인 가치관을 갖는 것이다.

Japan is very similar to Korea _____ its geography.
지형에 있어서 일본은 한국과 매우 비슷하다.

My favorite color _____ clothes is black.
옷에 있어서 내가 가장 좋아하는 색은 검정색이다.

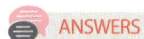 **ANSWERS** when it comes to / when it comes to / when it comes to

Chapter 18

ROLE PLAY |
CONCERT 콘서트

● 주제에 알맞은 다양한 문항 유형을 알아보세요.

문의	콘서트 티켓 구매 문의
대안 제시	아파서 콘서트 못 가는 것 설명, 대안 제시
과거 경험	과거 계획 차질 경험

 다음 질문을 듣고 질문의 키워드를 확인해 보세요.  Ch18-Q1~3

1 [Int] 공연장에 콘서트 티켓 구매 문의

I'd like to give you a situation and ask you to act it out. You want to buy two tickets to go watch a concert tonight. Call the theater and ask two to three questions about ways to get tickets.
주어진 상황을 연기해 주십시오. 오늘 밤 콘서트에 가기 위해 두 장의 티켓을 사고 싶습니다. 극장에 전화해서 티켓을 사기 위한 2개나 3개의 질문을 하십시오.

2 [Adv] 친구에게 콘서트 아파서 못 가게 되어 설명

I'm sorry, but there is a problem I need you to resolve. You have bought the concert tickets for today but at the last minute you are so sick that you can't even get out of bed. Call your friend and explain your situation. Give two or three alternatives to your friend.
유감스럽게도 해결해야 할 문제가 생겼습니다. 오늘 콘서트 티켓을 구입했지만 공연에 임박해 밖에 나갈 수 없을 정도로 몸이 많이 아픕니다. 친구에게 전화해서 상황을 설명하십시오. 친구에게 두 개나 세 개의 대안을 제시하십시오.

3 [Adv] 과거 계획 차질 경험

That's the end of the situation. Have you ever made plans for something but had to cancel at the last minute because of something that happened unexpectedly? Tell me everything about what had happened that prevented you from going.
상황이 끝났습니다. 어떤 계획을 세웠지만 예상치 못한 상황으로 바로 전에 그 계획을 취소해야 한 적이 있었습니까? 가지 못하게 된 상황에 대해 모든 것을 말해주십시오.

Q1 실전문제 연습하기

Int 공연장에 콘서트 티켓 구매 문의

I'd like to give you a situation and ask you to act it out. You want to buy two tickets to go watch a concert tonight. Call the theater and ask two to three questions about ways to get tickets.

Model Answer

 Ch18-A1

Hi, there. I'm calling to inquire about tonight's performance.
I would like to catch tonight's show that starts at seven o'clock.
I would like to buy two tickets for me and my friend.
Could I get the tickets over the phone?
If not, do you think there will be tickets left on-site?
If so, how early should I get there to get good tickets?
Can you give me any recommendations?

Plus, I wonder if you have any promotions going on currently.
     + Do you have any group special discounts?
Can you tell me how much the tickets are? Are they $80 each?
Please let me know as soon as possible. Thank you in advance.

CORE EXPRESSIONS

- inquire about ~에 대해 문의하다
- would like to ~하고 싶다
- over the phone 전화상으로
- be left on-site 현장에 남아있다
- I wonder if ~인지 아닌지 여부가 궁금하다
- let me know as soon as possible 최대한 빨리 알려달라
- performance 공연
- catch a show 쇼를 놓치지 않고 보다
- if not 만약 아니라면
- if so 만약 그렇다면
- in advance 미리, 사전에

Point Up!

❶ 관용 문구 **inquire about** ～에 대해 문의하다
I'm calling to **inquire about** tonight's performance.
오늘 공연에 대해서 문의하려고 전화했습니다.

❷ 조동사 **I would like to** 하고 싶다
I would like to buy two tickets for me and my friend.
저랑 제 친구, 총 2장을 사고 싶습니다.

❸ 전치사구 **over the phone** 전화상으로
Could I get the tickets **over the phone**?
전화상으로 티켓 구매가 가능합니까?

❹ 관용 문구 **I wonder if** ～인지 아닌지 여부가 궁금하다
Plus, **I wonder if** you have any promotions going on currently.
그리고 요즘 진행 중인 프로모션이 있는지 궁금합니다.

❺ 관용 문구 **as soon as possible** 최대한 빨리
Please let me know **as soon as possible**.
최대한 빨리 알려주시기 바랍니다.

아래 해석을 활용하여 나만의 답변을 완성해 보세요.

TRANSLATION

여보세요, 오늘 공연에 대해서 문의하려고 전화했습니다.
오늘 밤 7시에 시작하는 공연을 보고 싶습니다.
저랑 세 친구, 총 2장을 사고 싶습니다.
전화상으로 티켓 구매가 가능합니까?
만약 안되면 현장에 남아있는 표가 있습니까?
그렇다면 좋은 표를 구하려면 얼마나 일찍 가야 합니까?
방법을 추천해주시겠습니까?

그리고 요즘 진행 중인 프로모션이 있는지 궁금합니다.
　　　　　+ 단체/특별 할인이 됩니까?
표 가격이 얼만지 말씀해주시겠습니까? 한 장에 80달러가 맞습니까?
최대한 빨리 알려주시기 바랍니다. 감사합니다.

Q2 실전문제 연습하기

Adv 친구에게 콘서트 아파서 못 가게 되어 설명

I'm sorry, but there is a problem I need you to resolve. You have bought the concert tickets for today but at the last minute you are so sick that you can't even get out of bed. Call your friend and explain your situation. Give two or three alternatives to your friend.

 Model Answer

 Ch18-A2

Hi there, Jim. This is Tom.
I'm so sorry but I have some bad news.
I feel terrible right now.
I couldn't even get out of bed all morning.
  + I think I came down with a bad flu.
  + I have a sore throat and I'm coughing very much.
  + I have a runny nose and I'm sneezing a lot.
  + I have a high fever and I'm aching all over.
I don't think I can make it to the concert tonight.

I know you were very excited about the concert.
So please, go with someone else.
Or, why don't you go by yourself?
I really don't want you to miss it.
If you don't want to go by yourself, why don't you sell the tickets to someone?
I think you can also still get a refund for the tickets.

Anyway, I'm so sorry once again.
I'll make it up to you as soon as I feel better.
Call me back when you get this, okay?

CORE EXPRESSIONS

- I feel terrible 몸이 정말 안 좋다
- all morning 아침 내내
- have a runny nose 콧물이 나다
- have a high fever 고열이 나다
- I don't think I can make it 못 갈 것 같다
- get a refund 환불 받다
- as soon as I feel better 몸이 나아지자마자

- get out of bed 일어나다
- come down with a flu 독감에 걸리다
- sneeze a lot 재채기를 많이 하다
- ache all over 몸살이 나다
- why don't you ~하지 않을래?
- make it up to someone ~에게 보답하다

Point Up!

❶ 관용 문구 **have some bad news** 안 좋은 소식이 있다
I'm so sorry but I **have some bad news**.
너무 미안한데, 안 좋은 소식이 있어.

❷ GET 동사 **get out of bed** 잠자리에서 일어나다
I couldn't even **get out of bed** all morning.
아침 내내 침대에서 나오지도 못할 정도였어.

❸ 관용 문구 **I don't think I can make it** 안 될 것 같다, 못 갈 것 같다
I don't think I can make it to the concert tonight.
오늘 저녁에 콘서트를 못 갈 것 같아.

❹ 관용 문구 **why don't you** ~하지 않을래?
Or, **why don't you** go by yourself?
아니면 혼자라도 가지 않을래?

❺ 관용 문구 **I will make it up to you** 보답할게, 나중에 갚을게
I'll make it up to you as soon as I feel better.
몸이 괜찮아지는 대로 꼭 보답할게.

아래 해석을 활용하여 나만의 답변을 완성해 보세요.

TRANSLATION

안녕 Jim, 나 Tom이야.
정말 미안한데 나쁜 소식이 있어.
내가 지금 너무 아파.
아침 내내 침대에서 나오지도 못할 정도였어.
　　　＋ 독감에 걸린 것 같아.
　　　＋ 목이 너무 부었고 기침도 많이 해.
　　　＋ 콧물이 많이 나고 재채기도 많이 해.
　　　＋ 고열에 몸살도 있어.
오늘 저녁에 콘서트를 못 갈 것 같아.

네가 콘서트 때문에 얼마나 신났었는지 알아.
그래서 나 대신에 다른 누군가를 데려갔으면 좋겠어.
아니면 혼자라도 가지 않을래?
네가 공연을 놓치지 않았으면 좋겠어.
만약 혼자 가기 싫으면 티켓을 다른 사람한테 파는 게 어때?
아마 아직 티켓 환불도 가능할 것 같아.

아무튼 다시 한번 정말 미안해.
몸이 괜찮아지는 대로 꼭 보답할게.
이거 확인하면 나한테 전화해줘. 알았지?

Q3 실전문제 연습하기

> **Adv** 과거 계획 차질
>
> That's the end of the situation. Have you ever made plans for something but had to cancel at the last minute because of something that happened unexpectedly? Tell me everything about what had happened that prevented you from going.

Model Answer  Ch18-A3

I remember a time when I was supposed to have a gathering with my friends.
　　　　　　　　　　　+ go on a trip + go for a movie + go to a wedding + go to a concert
I was looking forward to seeing my friends.
However, I came down with a bad flu a few days before the gathering.
　　　　　+ [부상] I hurt my ankle while I was working out. I couldn't walk properly.
　　　　　+ [음식] I got sick because I ate something wrong the day before.
　　　　　+ [숙취] I was sick because I drank a lot the night before.
　　　　　　　　I had a terrible hangover. + I felt like throwing up.
It was really bad and I couldn't even get out of bed.
　　　　　+ I had a sore throat and I was coughing very much.
　　　　　+ I had a runny nose and I was sneezing a lot.
　　　　　+ I had a high fever and I was aching all over.

I felt very bad about missing the gathering.
But there was nothing I could do.
I messaged my friends and told them that I couldn't go.
I asked them to meet without me.
Looking back, I regret missing that gathering that day.

CORE EXPRESSIONS

- be supposed to ~하기로 되어 있다
- look forward to 기대하다, 고대하다
- work out 운동하다
- drink a lot the night before 전날 술을 많이 마시다
- eat something wrong 무언가 잘못 먹다
- feel bad 안타깝다, 속상하다
- regret 후회하다
- have a gathering 모임에 가다
- come down with a flu 독감에 걸리다
- get sick 아프다
- walk properly 제대로 걷다
- have a hangover 숙취가 있다
- looking back 되돌아보면, 돌이켜보면

Point Up!

❶ 관용 문구 **be supposed to** ~하기로 되어 있다
I remember a time when I was supposed to have a gathering with my friends.
친구들과 모임을 가지기로 했었던 때가 기억 납니다.

❷ 관용 문구 **be looking forward to** 기대하고 있다
I was looking forward to seeing my friends.
친구들을 만나는 것을 많이 기대하고 있었습니다.

❸ 관용 문구 **come down with a bad flu** 심한 독감에 걸리다
I came down with a bad flu a few days before the gathering.
모임 며칠 전에 지독한 독감에 걸렸습니다.

❹ 관용 문구 **feel very bad** 속이 매우 상하다
I felt very bad about missing the gathering.
모임에 참석하지 못해서 속이 상했습니다.

❺ 연결어 **looking back** 되돌아보면, 돌이켜보면
Looking back, I regret missing that gathering that day.
돌이켜보면, 그 모임에 참여하지 못한 게 정말 후회가 됩니다.

아래 해석을 활용하여 나만의 답변을 완성해 보세요.

TRANSLATION

친구들과 모임을 가지기로 했었던 때가 기억납니다.
　　　　　　＋ 여행을 가다　＋ 영화를 보러 가다　＋ 결혼식에 가다　＋ 콘서트에 가다
친구들을 만나는 것을 많이 기대하고 있었습니다.
그러나 모임 며칠 전에 지독한 독감에 걸렸습니다.
　　　　　　＋ [부상] 운동을 하다가 발목을 다쳤습니다. 제대로 걸을 수도 없었습니다.
　　　　　　＋ [음식] 그 전날 무엇인가 잘못 먹어서 아팠습니다.
　　　　　　＋ [숙취] 전날 밤 술을 너무 많이 마셔서 아팠습니다.
　　　　　　　　＋ 심한 숙취가 있었습니다.　＋ 토할 것 같았습니다.
너무 아파서 자리에서 일어나지도 못했습니다.
　　　　　　＋ 목이 부었고 기침도 많이 했습니다.
　　　　　　＋ 콧물이 계속 나고 재채기도 많이 했습니다.
　　　　　　＋ 고열에 몸살까지 있었습니다.

모임에 참석하지 못해서 속상했습니다.
하지만 아무것도 할 수가 없었습니다.
친구들에게 가지 못한다고 메시지를 남겼습니다.
저 빼고라도 만나라고 말했습니다.
돌이켜보면, 그 모임에 참여하지 못한 게 정말 후회가 됩니다.

Level-Up! 한국인의 말하기 취약점 분석

관용 문구가 부족하다.
[ROLE PLAY] 관용 문구의 강화

Role Play의 11번과 12번에 해당하는 답변을 할 때는 업체나 친구에게 음성메시지를 남기는 상황이다. 그렇기 때문에 답변을 시작할 때는 왜 전화를 걸었는지 용건을 말해야 한다. 또한 용건을 다 전달한 후 전화를 끊을 때도 마무리 문장을 꼭 넣어야 한다. 이처럼 전화 통화 내용에 쓸법한 관용적인 문구들을 잘 활용해야 오픽에서 더 높은 등급을 받는데 도움이 될 수 있다.

ROLE PLAY 답변의 시작과 마무리

〈답변의 시작〉

(업체) I'm calling to inquire about tonight's performance.
I'm thinking of buying a new cell phone.
(친구) I'm calling to ask you some questions about your MP3 player.
(업체) I'm a customer who bought some furniture at your store last week.
(친구) Hi, there Jake. This is Brian. I have some bad news.

오늘 공연에 대해 문의할 것이 있어서 전화 했습니다.
새 휴대전화를 살까 생각하고 있습니다.
네 MP3 플레이어에 대해서 몇 가지 궁금한 것이 있어서 전화했어.
저는 지난주 거기 매장에서 가구를 구매한 사람입니다.
안녕 Jake, 나 Brian이야. 안 좋은 소식이 있어.

〈답변 마무리〉

(업체) Get back to me as soon as possible.
Please let me know ASAP. Thank you in advance.
(친구) Give me a call when you get this.
Call me back when you get this.

가능한 빨리 다시 연락 주세요.
가능한 빨리 알려주십시오. 미리 감사합니다.
이 메시지를 받으면 나한테 전화해줘.
이 메시지를 받으면 나한테 다시 전화해.

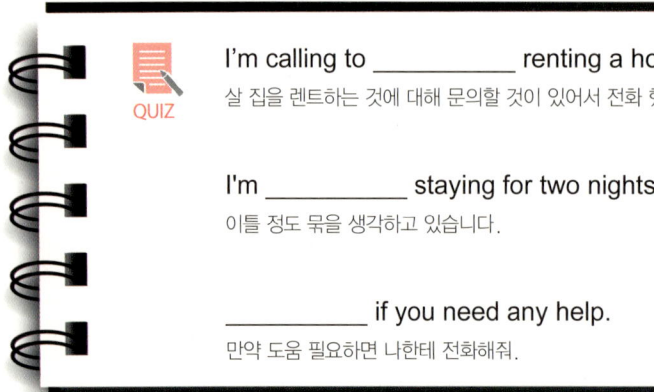

QUIZ

I'm calling to _____ renting a house to live in.
살 집을 렌트하는 것에 대해 문의할 것이 있어서 전화 했습니다.

I'm _____ staying for two nights.
이틀 정도 묵을 생각하고 있습니다.

_____ if you need any help.
만약 도움 필요하면 나한테 전화해줘.

 ANSWERS   inquire about / thinking of / Give me a call

Chapter 19

ROLE PLAY |

MP3 PLAYER

● 주제에 알맞은 다양한 문항 유형을 알아보세요.

문의	MP3 플레이어 질문

대안 제시	친구의 MP3 플레이어 고장, 대안 제시

과거 경험	과거 기계/기기 고장 경험

 다음 질문을 듣고 질문의 키워드를 확인해 보세요.  Ch19-Q1~3

1 `Int` 친구가 사용하는 MP3 플레이어 질문

I'd like to give you a situation and ask you to act it out. You would like to buy an MP3 Player. Call your friend and ask about the MP3 Player he/she is using. Ask three or four questions that will help you decide whether you want to buy the product your friend is using.

주어진 상황을 연기해 주십시오. MP3 플레이어를 사고 싶습니다. 친구에게 전화를 걸어 친구가 사용하는 MP3 플레이어에 대해 물어보십시오. 친구가 사용하는 제품을 사고 싶을지 결정하는데 도움을 줄 세 개나 네 개의 질문을 하십시오.

2 `Adv` 친구의 MP3 플레이어 고장, 대안 제시

I'm sorry, but there is a problem I need you to resolve. You had borrowed your friend's MP3 Player but broke it by accident. Call your friend and explain the situation. Give two or three alternatives that will help solve the situation.

유감스럽게도 해결해야 할 문제가 있습니다. 친구의 MP3 플레이어를 빌렸지만 실수로 망가트렸습니다. 친구에게 전화를 해서 상황을 설명하십시오. 상황을 해결할 만한 두 개나 세 개의 대안을 제시하십시오.

3 `Adv` 본인의 기계/기기 고장 경험, 해결 방법

That's the end of the situation. Do you have any personal experience when a device broke and you had trouble because of that? What exactly happened and how did you fix the problem? Tell me everything about that experience.

상황은 끝났습니다. 기기가 고장나서 그것 때문에 문제가 생긴 개인적인 경험이 있습니까? 정확히 어떤 일이 일어났고 문제를 어떻게 고쳤습니까? 그 경험에 대해 모든 것을 이야기해 주십시오.

Q1 실전문제 연습하기

> **Int** 친구가 사용하는 MP3 플레이어 질문
>
> I'd like to give you a situation and ask you to act it out. You would like to buy an MP3 Player. Call your friend and ask about the MP3 Player he/she is using. Ask three or four questions that will help you decide whether you want to buy the product your friend is using.

 Model Answer  Ch19-A1

Hi, there Jim. This is Liz.
I'm calling to ask you some questions about your MP3 Player.
First, how much did you pay for your MP3 Player?
I wonder if it is expensive.
Do you think it was worth the money you spent?

Plus, where did you buy it?
Did you buy it online or at an offline store?
If you bought it online, can you tell me which site it was?
If you bought it offline, can you tell me where the store was?

Next, when did you buy it? How long have you had it?
　　　　+ Also, what kind of functions does it have?
　　　　+ Plus, how long does the battery last? Does it last for more than a day?
　　　　+ Next, how much storage does your MP3 Player have?
Anyway, give me a call when you get this, okay? Thanks.

CORE EXPRESSIONS

- I wonder if it is expensive 비싼지 궁금하다
- function 기능
- last 지속되다
- give ~ a call 전화를 하다
- be worth the money 돈이 아깝지 않다
- at an offline store 오프라인 매장에서
- storage 보관, 용량

Point Up!

❶ 관용 문구 **I wonder if** ~인지 아닌지 여부가 궁금하다
I wonder if it is expensive.
비싼지 궁금해.

❷ 관용 문구 **be worth the money** 돈이 아깝지 않다
Do you think it **was worth the money** you spent?
돈이 아깝지 않니?

❸ 관용 문구 **Can you tell me** 나에게 말해줄 수 있니?
If you bought it online, **can you tell me** which site it was?
온라인에서 샀으면 나한테 어떤 사이트인지 말해줄 수 있니?

❹ 현재 완료 **How long have you had it** 얼마나 써 왔어?
How long have you had it?
산지 얼마나 됐니?

❺ 관용 문구 **give ~ a call** 전화를 하다
Anyway, **give me a call** when you get this, okay?
어쨌든 이 메시지 확인하면 전화 좀 해줘, 알았지?

아래 해석을 활용하여 나만의 답변을 완성해 보세요.

TRANSLATION

여보세요, Jim, 나 Liz야.
네가 쓰는 MP3 플레이어에 대해서 몇 가지 물어보려고 전화했어.
먼저, 그거 사는데 얼마를 주고 샀니?
비싼지 궁금해.
돈쓴 가치가 있다고 생각하니?

그리고, 어디서 샀어?
온라인에서 샀니? 아니면 오프라인 매장에서 샀니?
온라인에서 샀으면 나한테 어떤 사이트인지 말해줄 수 있니?
만약 오프라인에서 샀으면 매장이 어디 있는 지 알려줄 수 있어?

또, 어디서 샀니? 얼마나 썼어?
　　　　　＋ 그리고 어떤 종류의 기능이 있니?
　　　　　＋ 그리고 배터리가 얼마나 가니? 하루 이상 가는 편이니?
　　　　　＋ 다음으로 네가 쓰는 MP3 플레이어 용량이 얼마나 되니?
어쨌든 이 메시지 확인하면 전화 좀 해줘, 알았지? 고마워.

Q2 실전문제 연습하기

Adv 빌렸던 친구의 MP3 플레이어 고장

I'm sorry, but there is a problem I need you to resolve. You had borrowed your friend's MP3 Player but broke it by accident. Call your friend and explain the situation. Give two or three alternatives that will help solve the situation.

 **Model Answer**  Ch19-A2

Hi, there Jim. This is Liz.
I'm really sorry but I have some bad news.
I accidentally broke your MP3 Player.
I dropped it by accident and I stepped on it.
　　　　　+ I dropped it on the street and a car ran over it.
　　　　　+ I spilt coffee all over it and it's not working properly.
　　　　　+ I dropped it in water and it's not working at all.
It is completely broken and I don't think we can fix it.

I feel terrible about what happened.
Okay, I'll tell you what.
I liked your MP3 Player and I'm going to buy the same product.
Why don't I buy you a new one when I buy mine?
I'll just order two instead of one. Would that be okay?
If you don't want that, I could just pay you money as well.

Once again, I'm really sorry for what happened.
Call me back when you get this.

CORE EXPRESSIONS

- accidentally 실수로
- step on something 발로 밟다
- run over 밟고 지나가다
- be not working at all 전혀 작동하지 않다
- pay someone money 돈으로 보상하다
- drop something by accident 실수로 떨어뜨리다
- drop something on the street 길에 떨어뜨리다
- spill coffee all over something 커피를 온통 쏟다
- be completely broken 완전히 망가지다
- call me back 다시 전화주렴

Point Up!

❶ 부사 accidentally 실수로

I accidentally broke your MP3 Player.

내가 실수로 네 MP3 플레이어를 고장 냈어.

❷ 관용 문구 by accident 실수로

I dropped it by accident and I stepped on it.

실수로 떨어뜨렸는데 그걸 밟아 버렸지 뭐야.

❸ 부사 completely 완전히

It is completely broken and I don't think we can fix it.

이거 완전히 고장 나서 내 생각에 못 고칠 것 같아.

❹ 관용 문구 I'll tell you what. 이렇게 하면 어떨까?

I'll tell you what.

이렇게 하면 어떨까?

❺ 연결어 pay you money 돈으로 보상하다

If you don't want that, I could just pay you money as well.

그게 싫으면, 내가 그냥 돈으로 보상할 수도 있어.

아래 해석을 활용하여 나만의 답변을 완성해 보세요.

TRANSLATION

여보세요, Jim, 나야 Liz.
정말 미안한테 안 좋은 소식이 좀 있어.
내가 실수로 네 MP3 플레이어를 고장 냈어.
실수로 떨어뜨렸는데 그걸 밟아 버렸지 뭐야.
　+ 길에서 떨어뜨렸는데 차가 밟고 지나갔어.
　+ 그 위에 커피를 쏟았는데 제대로 작동하지 않아.
　+ 물 속에 빠트렸는데 완전 고장 났어.
이거 완전히 고장 나서 내 생각에 못 고칠 것 같아.

일이 이렇게 돼서 정말 미안하다.
이렇게 하면 어떨까?
나 너의 MP3 플레이어가 맘에 들어서 같은 걸로 하나 사려고 했거든.
내 것 살 때 네 것도 같이 주문하면 어떨까?
하나를 주문하는 대신 두 개를 주문할게. 그러면 될까?
만약 그렇게 하는 것을 원하지 않으면 그냥 돈으로 줄 수 있어.

다시 한 번 일이 이렇게 돼서 미안하다.
이 메시지 확인하면 전화해줘.

Q3 실전문제 연습하기

Adv 본인의 기계/기기 고장 경험, 해결 방법

That's the end of the situation. Do you have any personal experience when a device broke and you had trouble because of that? What exactly happened and how did you fix the problem? Tell me everything about that experience.

 **Model Answer**  Ch19-A3

I once remember a time when my cell phone broke.
I dropped it by accident and the screen cracked.
  + I dropped it on the street by mistake, and the screen got scratched.
  + I smashed it into something by mistake, and the screen went out.
I took it in for repairs.
I went to the Samsung service center.
I had to pay some money to replace the screen.
It was really frustrating.
  + I didn't want to spend money on my old phone.
  + I just used the cracked phone for a while.
  + I bought a new phone pretty soon.
Ever since that incident, I always try to be more careful not to drop my phone.
Plus, I put on a phone case to protect my phone.

CORE EXPRESSIONS

- drop something by accident 실수로 떨어뜨리다
- crack 금이 가다
- smash 세게 부딪히다
- replace the screen 액정을 교체하다
- be more careful 더 조심하다
- break 깨지다
- get scratched 긁히다
- take it in for repairs 수리 맡기다
- be frustrating 불만스럽다, 좌절하다

Point Up!

❶ 관용 문구 I once remember a time   한 번 ~했던 기억이 난다
I once remember a time when my cell phone broke.
한번은 제 휴대전화가 고장 났던 게 기억이 납니다.

❷ 전치사구 by accident   실수로
I dropped it by accident and the screen cracked.
실수로 떨어뜨렸는데 액정이 깨졌습니다.

❸ 관용 문구 took it in for repairs   수리를 맡겼다
I took it in for repairs.
수리를 맡기러 갔습니다.

❹ 형용사 frustrating   짜증나는
It was really frustrating.
정말 짜증 났습니다.

❺ 관용 문구 put on a phone case   폰 케이스를 씌우다
I put on a phone case to protect my phone.
휴대전화를 보호하려고 휴대전화 케이스도 끼웠습니다.

아래 해석을 활용하여 나만의 답변을 완성해 보세요.

TRANSLATION

한번은 제 휴대전화가 고장 났던 게 기억이 납니다.
실수로 떨어뜨렸는데 액정이 깨졌습니다.
　　＋ 실수로 길에 떨어뜨렸는데 액정이 긁혔습니다.
　　＋ 실수로 어딘가에 부딪혔는데 액정이 나가버렸습니다.
수리를 맡기러 갔습니다.
삼성 서비스센터에 갔습니다.
액정을 교체하는데 비용을 지불해야 했습니다.
정말 짜증 났습니다.
　　＋ 오래된 휴대전화에 돈을 쓰고 싶지 않았습니다.
　　＋ 얼마 동안은 금이 간 휴대전화를 그냥 사용했습니다.
　　＋ 머지 않아 새 휴대전화를 샀습니다.
그 사건 이후로 저는 늘 휴대전화를 떨어뜨리지 않으려고 노력합니다.
그리고 휴대전화를 보호하려고 휴대전화 케이스도 끼웠습니다.

Level-Up! 한국인의 말하기 취약점 분석

질문 표현이 부족하다.
[ROLE PLAY] 질문 표현법 강화

우리말로 질문을 할 때 "얼마에요?" 보다 "얼마인지 알려줄 수 있으신가요?" 라는 질문이 더 정중한 표현이다. 이처럼 질문을 할 때 간접의문문 혹은 복합의문문을 사용하면 질문 자체가 더 정중해지고 고난이도 표현이 된다. ROLE PLAY 문제에서 이렇게 간접의문문과 복합의문문을 많이 활용하면 더 높은 등급을 받을 수 있다.

간접의문문

I wonder if it is expensive.
그것이 비싼지 궁금합니다.

I wonder if you have any promotions going on currently.
요즘 진행하는 프로모션이 있는지 궁금합니다.

I wonder if you would like to go to the beach with me.
저와 함께 해변가에 갈 의향이 있는지 궁금합니다.

I wonder if you could give me their number.
그들의 전화번호를 좀 알려줄 수 있는지 궁금합니다.

복합의문문

Can you tell me what I can do?
무엇을 하면 되는지 말씀해주시겠습니까?

Can you tell me how much it is?
얼만지 말씀해주시겠습니까?

Do you think there will be tickets left on-site?
현장에 남는 티켓이 있을 것이라고 생각하십니까?

Why don't I buy you a new one?
내가 새 것으로 하나 사주는 게 어때?

Why don't you sell the tickets?
이 티켓들을 파는 게 어때?

 QUIZ

_____ I could bring my car or not.
차를 가져가도 되는지 궁금하다.

_____ go next week instead?
우리 다음 주에 가면 어떨까?

_____ if I could get a refund.
환불 받을 수 있는지 알려 줄 수 있으십니까?

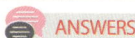 **ANSWERS**　I wonder if / Why don't we / Can you tell me

Chapter 20

ROLE PLAY | FURNITURE 가구

● 주제에 알맞은 다양한 문항 유형을 알아보세요.

문의	가구 문의

대안 제시	가구 문제 해결

과거 경험	물품, 서비스 관련 불만 경험

다음 질문을 듣고 질문의 키워드를 확인해 보세요.

 Ch20-Q1~3

1 [Int] 가구점, 사고 싶은 가구에 대한 현장 직원에게 문의

I'd like to give you a situation and ask you to act it out. You are at a furniture store to buy some furniture. Ask the clerk three or four questions about the furniture you would like to buy.

주어진 상황을 연기해 주십시오. 가구를 사기 위해 가구점에 있습니다. 점원에게 사고자 하는 가구에 대한 세 개나 네 개의 질문을 하십시오.

2 [Adv] 가구 도착했는데 문제가 있음, 문제 해결

I'm sorry, but there is a problem I need you to resolve. The furniture you bought has arrived, but there is something wrong with the furniture. Call the furniture store, explain the situation and ask for a way to get an exchange or your money back.

유감스럽게도 해결해야 할 문제가 있습니다. 구입한 가구가 도착했지만 무언가 잘못되었습니다. 가구점에 전화를 해서 상황을 설명하고 교환이나 환불하는 방법을 물어보십시오.

3 [Adv] 물품, 서비스 관련된 불만 경험

That's the end of the situation. Have you ever ordered anything to your home and were not satisfied with the product or service? Tell me what the problem was and how you dealt with the situation.

상황이 끝났습니다. 집으로 무엇인가 주문했지만 제품이나 서비스가 만족스럽지 않았던 경험이 있습니까? 문제가 무엇이었는지 그리고 어떻게 상황을 해결했는지 말해주십시오.

Q1 실전문제 연습하기

> **Int** 가구점, 사고 싶은 가구에 대한 현장 직원에게 문의
>
> I'd like to give you a situation and ask you to act it out. You are at a furniture store to buy some furniture. Ask the clerk three or four questions about the furniture you would like to buy.

 Model Answer  Ch20-A1

Hi, there. I would like to buy some furniture for my house.
I'm thinking of buying a desk, a bed, some chairs, and a closet.
         + dresser + cabinet + sofa (couch)
         + vanity table + tea table + dinner table
The other furniture in my house is dark brown, so I would like the same color.

Do you have a catalog I can see by any chance?
Plus, can you give me any recommendations?
By the way, do you deliver the furniture to my home?
Is the delivery free or do I have to pay for that?

Plus, I wonder if you have any promotions going on currently.

CORE EXPRESSIONS

- buy some furniture 가구를 사다
- by any chance 혹시
- by the way 그런데, 그나저나
- delivery 배송
- catalog 카탈로그, 목록
- recommendation 추천
- deliver the furniture 가구를 배달하다
- I wonder if ~인지 아닌지 여부가 궁금하다

Point Up!

❶ 관용 문구 **I would like to** ~하고 싶다

I would like to buy some furniture for my house.
집에 놓을 가구를 좀 사고 싶은데요.

❷ 관용 문구 **I'm thinking of** ~할까 생각 중이다

I'm thinking of buying a desk, a bed, some chairs, and a closet.
책상, 침대, 의자, 그리고 옷장을 살까 생각 중입니다.

❸ 관용 문구 **by any chance** 혹시

Do you have a catalog I can see **by any chance**?
혹시 제가 볼 수 있는 카탈로그가 있습니까?

❹ 접속사 **by the way** 그런데요

By the way, do you deliver the furniture to my home?
그런데 집까지 가구를 배송해 주십니까?

❺ 관용 문구 **I wonder if** ~인지 아닌지 여부가 궁금하다

I wonder if you have any promotions going on currently.
요즘 진행 중인 프로모션이 있는지 궁금합니다.

아래 해석을 활용하여 나만의 답변을 완성해 보세요.

TRANSLATION

안녕하세요. 집에 놓을 가구를 좀 사고 싶은데요.
책상, 침대, 의자, 그리고 옷장을 살까 생각 중입니다.
　　　　　＋ 서랍장　＋ 캐비닛　＋ 소파
　　　　　＋ 화장대　＋ 티 테이블　＋ 식탁
제 집의 다른 가구들은 어두운 갈색입니다. 그래서 같은 색상으로 사려고 합니다.

혹시 제가 볼 수 있는 카탈로그가 있습니까?
추천해 주실 만한 것도 있습니까?
그런데 집까지 가구를 배송해 주십니까?
배송은 무료 인가요 아니면 별도로 돈을 내야 합니까?

그리고 요즘 진행 중인 프로모션이 있는지도 궁금합니다.

Q2 실전문제 연습하기

Adv 가구 도착했는데 문제가 있음, 문제해결

I'm sorry, but there is a problem I need you to resolve. The furniture you bought has arrived, but there is something wrong with the furniture. Call the furniture store, explain the situation and ask for a way to get an exchange or your money back.

 Model Answer  Ch20-A2

Hi, there I'm a customer who bought some furniture at your store last week.
The furniture has arrived, but there is a problem.
The bed is too big for my room.
　　　　+ closet + cabinet + sofa(couch) + dinner table
　　　　+ The furniture has arrived, but the sofa is too big for the living room.
　　　　+ The furniture has arrived, but the closet is too small for me.
It didn't look that big when I saw it at the store.
But it doesn't fit in my room.

I'm really sorry, but I would like to get an exchange.
Plus, I would like to come in to look at some other beds.
Until when are you open? I get off work at eight. Are you open till then?
Is it possible to get a refund, if I can't find a product I like?

Once again, I'm very sorry for all the trouble. Thank you in advance.

CORE EXPRESSIONS

- do not fit 들어가지 않다, 맞지 않다
- would like to come in 방문 하고 싶다
- get off work 퇴근하다
- get a refund 환불하다
- be sorry for all the trouble 번거롭게 해서 죄송하다
- get an exchange 교환하다
- until when 언제까지
- be open till then 그때까지 열다
- once again 한번 더, 다시

Point Up!

❶ [현재완료] has arrived 도착 했다
The furniture has arrived, but there is a problem.
가구가 도착했는데, 문제가 있습니다.

❷ [GET 동사] get an exchange 교환하다
I'm really sorry, but I would like to get an exchange.
죄송하지만 교환을 받고자 합니다.

❸ [관용 문구] I would like to come in 방문하고 싶다
Plus, I would like to come in to look at some other beds.
그리고 다른 침대를 둘러보기 위해 가볼까 합니다.

❹ [구동사] get off work 퇴근하다
I get off work at eight.
8시에 퇴근합니다.

❺ [관용 문구] sorry for all the trouble 번거롭게 해서 미안한
I'm very sorry for all the trouble.
번거롭게 해드려서 죄송합니다.

아래 해석을 활용하여 나만의 답변을 완성해 보세요.

TRANSLATION

여보세요. 저번 주에 그 쪽 매장에서 가구 구매한 사람입니다.
가구가 도착했는데, 문제가 있습니다.
침대가 제 방에는 너무 큽니다.
　　　　　　　＋ 옷장 ＋ 사물함 ＋ 소파 ＋ 식탁
　　　　　　　＋ 가구가 도착했는데, 소파가 저희 거실에는 너무 큽니다.
　　　　　　　＋ 가구가 도착했는데, 옷장이 제게는 너무 작습니다.
매장에서 봤을 때는 그렇게 커 보이지 않았습니다.
그렇지만 제 방에 맞지가 않습니다.

죄송하지만 교환을 받고자 합니다.
그리고 다른 침대를 둘러보러 가려고 합니다.
언제까지 영업하시나요? 8시에 퇴근합니다. 그때까지 영업하십니까?
만약 제 마음에 드는 물건이 없다면 환불 받는 것이 가능합니까?

다시 한 번 번거롭게 해서 죄송합니다. 감사합니다.

Q3 실전문제 연습하기

Adv 물품, 서비스 관련된 불만 경험

That's the end of the situation. Have you ever ordered anything to your home and were not satisfied with the product or service? Tell me what the problem was and how you dealt with the situation.

 **Model Answer**

 Ch20-A3

I remember ordering something online several years ago.
　　　　+ cosmetics + perfume + cologne + a pair of shoes + a pair of jeans
　　　　+ I ordered it on a Korean site called Interpark (G-market).
I paid for the order and waited for a week, but it didn't arrive.
I checked the shipping status, but it said my order was still being processed.
I tried to cancel my order, but it wasn't easy.
I called the call center to get help.
In the end, I got my delivery really late.

When I tried the shirt on, it didn't look good on me.
　　　　+ It didn't fit me. It was too small/big.
　　　　+ My shirt arrived, but I got the wrong order.
　　　　+ It was the wrong size (color / design / product).
　　　　+ The computer arrived, but it was not working properly.
　　　　+ My order arrived, but some items were missing.
　　　　+ The shoes arrived, but there was a stain (rip) on them.
I sent the shirt back and got a refund (got an exchange).
　　　　+ It felt like a hassle to send it back, so I just kept the shirt.

Ever since that incident, I don't order things online that often.

CORE EXPRESSIONS

- pay for the order 주문내역을 결제하다
- check the shipping status 배송 상태를 확인하다
- get help 도움을 요청하다
- in the end 결국
- do not look good on someone 어울리지 않다
- stain 얼룩
- feel like a hassle 귀찮은 일처럼 느껴지다
- cancel my order 주문을 취소하다
- be processed 처리되다
- not work properly 제대로 작동하지 않다
- try on 입어 보다
- be missing 누락되다
- get a refund 환불하다

Point Up!

❶ 관용 문구　check the shipping status　배송 상태를 확인하다
I checked the shipping status.
배송 상태를 확인 해봤습니다.

❷ 수동태　still being processed　아직 처리 중인
It said my order was still being processed.
아직 처리 중이라고 되어있었습니다.

❸ 연결어　in the end　결국
In the end, I got my delivery really late.
결국 한참 뒤에 물건을 받았습니다.

❹ 구동사　tried the shirt on　셔츠를 입어보았다
When I tried the shirt on, it didn't look good on me.
주문한 셔츠를 입어봤지만, 제게 어울리지 않았습니다.

❺ 관용 문구　It felt like a hassle　귀찮게 느껴졌다
It felt like a hassle to send it back, so I just kept the shirt.
돌려보내는 것이 귀찮아서 그냥 셔츠를 가지고 있었습니다.

아래 해석을 활용하여 나만의 답변을 완성해 보세요.

TRANSLATION

몇 년 전, 무언가를 온라인상으로 구매했던 게 기억이 납니다.
　　　　　+ 화장품　+ 여자 향수　+ 남자 향수　+ 신발 한 켤레　+ 청바지
　　　　　+ 인터파크(지미켓)이라는 한국 사이트에서 주문했습니다.
주문한 것에 대한 결제를 하고 일주일을 기다렸지만 도착하지 않았습니다.
배송상태를 확인 해봤지만 아직 처리 중이라고 되어있었습니다.
주문취소를 하려고 했는데 쉽지 않았습니다.
그래서 저는 콜 센터에 문의를 했습니다.
결국 아주 늦게 물건을 받았습니다.

주문한 셔츠를 입어봤지만 제게 어울리지가 않았습니다.
　　　　　　+ 제게 맞지 않았습니다. 너무 작았습니다./컸습니다.
　　　　　　+ 셔츠가 도착했지만 잘못된 제품을 받았습니다.
　　　　　　+ 사이즈가 잘못됐습니다. (색/디자인/제품)
　　　　　　+ 컴퓨터가 도착했지만 제대로 작동하지 않았습니다.
　　　　　　+ 주문한 것이 도착했지만 몇 개가 오지 않았습니다.
　　　　　　+ 신발이 도착했지만 얼룩이 있었습니다.
셔츠를 돌려보내고 환불을 받았습니다. (교환을 했습니다.)
　　　　　　+ 돌려보내는 것이 귀찮아서 그냥 셔츠를 가지고 있었습니다.

그 사건 이후로 저는 온라인에서 물건 구매를 자주 하지 않습니다.

Level-Up! 한국인의 말하기 취약점 분석

관용 문구가 부족하다.
[ROLE PLAY] 관용 문구의 강화

일상 생활에서 문의를 하거나 질문을 할 때 자주 쓰는 유용한 표현들이 있다. 이러한 문의와 관련된 표현들은 ROLE PLAY 의 11번, 12번에 해당하는 답변을 할 때 유용하다. 한 답변에 비슷한 질문들만 사용하는 것 보다, 맥락에 맞는 난이도가 높은 표현들은 잘 숙지해서 고득점을 받을 수 있도록 노력해야한다. 특히 주제에 상관없이 쓸 수 있는 전화 통화 관련 표현들을 최대한 많이 숙지하는 것이 좋다.

ROLE PLAY에 쓸 수 있는 핵심 문장

[업체 문의]

Can you give me any recommendations?
추천해주실 수 있습니까?

I wonder if you have any promotions going on currently.
요즘 진행되고 있는 프로모션이 있는지 궁금합니다.

Can you give me some directions?
찾아 가는 방법을 알려 주시겠습니까?

Do you have a website I can see by any chance?
혹시 제가 볼 수 있는 웹사이트가 있습니까?

Until when are you open? I get off at six. Are you open till then?
언제까지 영업하십니까? 6시에 퇴근합니다. 그때까지 영업하십니까?

I would like to come in to get an exchange.
교환하러 가고 싶습니다.

QUIZ

Do you have a website I can see _____?
혹시 제가 볼 수 있는 카탈로그가 있습니까?

Can you give me some _____?
찾아 가는 방법을 알려 주시겠습니까?

I would like to _____ to get a refund.
환불하러 가고 싶습니다.

 ANSWERS   by any chance / directions / come in

부록 1

ROLE PLAY |

공원 가기

● 주제에 알맞은 다양한 문항 유형을 알아보세요.

문의	공원 가는 것에 대한 질문

대안 제시	공원에 갈 수 없는 상황, 대안 제시

과거 경험	계획 취소/변경 경험

 다음 질문을 듣고 질문의 키워드를 확인해 보세요.  Ex01-Q1~3

1 `Int` 친구에게 공원 가는 것에 대해 질문

I'd like to give you a situation and ask you to act it out. Your friend wants to go to the park this weekend. Call your friend and ask him three or four questions about going to the park.

주어진 상황을 연기해 주십시오. 친구가 주말에 공원을 가고 싶어 합니다. 친구에게 전화해서 공원 가는 것에 대해 세 개나 네 개의 질문을 하십시오.

2 `Adv` 공원에 갈 수 없는 상황, 대안 제시

I'm sorry, but there is a problem I need you to resolve. You have found out that the park you wanted to go to will be closed this weekend for renovation. Call your friend and explain the situation. Give two or three alternatives about what to do.

유감스럽게도 해결해야 할 문제가 있습니다. 가고 싶었던 공원이 이번 주말에 수리 공사로 문을 닫는다는 것을 알게 되었습니다. 친구에게 전화해서 상황을 설명하십시오. 어떻게 할 지 두 개나 세 개의 대안을 제시하십시오.

3 `Adv` 계획 취소/변경 경험

That's the end of the situation. Now, tell me about a time when you couldn't do something that you planned for some reason. What exactly happened and why couldn't you do what you planned? Give me all the details.

상황은 끝났습니다. 이제 어떤 이유로 계획했던 것을 하지 못했을 때에 대해 이야기해 주십시오. 정확히 무슨 일이 일어났고 왜 계획한 것을 하지 못하게 되었습니까? 자세히 말해주십시오.

Q1 실전문제 연습하기

Int 친구에게 공원 가는 것에 대해 질문

 **Model Answer**

 Ex01-A1

Hi there, Kate. This is Tom.
I'm calling to ask you some questions about going to the park.
First, when should we go?
Do you want to go this weekend?
I'm free on Saturday. Are you available that day?
If not, I can make some time Sunday afternoon.

Next, what do you want to do at the park?
I wonder if you want to have a picnic.
We could make some sandwiches and eat them at the park.
Can you tell me if you want to do that?

Last of all, do you know what the weather will be like this weekend?
Maybe we should check the weather forecast.
Anyway, give me a call when you get this.

CORE EXPRESSIONS

- be available 시간이 가능하다
- last of all 마지막으로, 최후로
- make some time 시간을 내다
- check the weather forecast 일기 예보를 확인하다

Point Up!

❶ 관용 문구 **I'm free** 시간이 되다
I'm free on Saturday.
나 토요일에 시간 돼.

❷ 형용사 **available** 시간이 되는
Are you **available** that day?
그 날 시간 가능하니?

❸ 관용 문구 **make some time** 시간을 내다
If not, I can **make some time** Sunday afternoon.
만약 안되면 일요일 오후에 시간 낼 수 있어.

❹ 관용 문구 **have a picnic** 피크닉을 하다
I wonder if you want to **have a picnic**.
피크닉을 하고 싶은지 궁금하네.

❺ 관용 문구 **check the weather forecast** 일기예보를 확인하다
Maybe we should **check the weather forecast**.
우리 일기예보를 좀 확인해야 할 것 같아.

아래 해석을 활용하여 나만의 답변을 완성해 보세요.

TRANSLATION

여보세요, Kate. 나 Tom이야.
공원 가는 것에 대해 물어보려고 전화했어.
먼저, 언제 갈까?
이번 주말에 가고 싶어?
나 토요일에 시간 있어. 그날 가능하니?
만약 안되면 일요일 오후에 시간 낼 수 있어.

그리고 공원에서 하고 싶은 거 있어?
피크닉 하고 싶은지 궁금하네.
샌드위치를 좀 만들어서 공원에서 먹을 수도 있을 것 같은데.
만약에 그러고 싶으면 말해줘.

마지막으로 이번 주말 날씨 어떨지 알고 있어?
아마 우리 일기 예보를 좀 확인해야 할 것 같아.
어쨌든 이거 확인하면 전화해줘.

Q2 실전문제 연습하기

Adv 공원에 갈 수 없는 상황, 대안 제시

 Model Answer  Ex01-A2

Hi, there, Kate. This is Tom again.
I have some bad news.
I've just heard that the park will be closed for renovation this weekend.
I don't think we can go.

What do you want to do?
Should we go another time?
Maybe we could go next weekend instead.
Or, we could go to another park.

I wonder if you know of any other parks we could go to.
Can you tell me what you think?
I'm fine with what you decide.
Anyway, call me back when you get this.

CORE EXPRESSIONS

- be closed for renovation 개조, 수리, 보수공사를 위해 닫다
- I wonder if ~인지 아닌지가 궁금하다
- anyway 어쨌든, 아무튼

Point Up!

❶ [현재완료] **I've just heard** 방금 들었다
I've just heard that the park will be closed for renovation this weekend.
방금 이번 주말에 보수공사 때문에 공원이 문을 닫는다고 들었어.

❷ [관용 문구] **Maybe we could** 우리 ~하면 어떨까
Maybe we could go next weekend instead.
우리 다음 주에 가면 어떨까?

❸ [관용 문구] **I wonder if** ~인지 아닌지 여부가 궁금하다
I wonder if you know of any other parks we could go to.
네가 아는 다른 갈만한 공원이 있는지 궁금하다.

❹ [관용 문구] **Can you tell me what you think?** 네 생각은 어떤지 알려줄 수 있어?
Can you tell me what you think?
네 생각은 어떤지 알려줄 수 있어?

❺ [관용 문구] **I'm fine with what you decide** 네가 결정하는 데로 따를게.
I'm fine with what you decide.
네가 결정하는 데로 따를게.

아래 해석을 활용하여 나만의 답변을 완성해 보세요.

TRANSLATION

여보세요, Kate. 나 또 Tom이야.
나쁜 소식이 있어.
방금 이번 주말에 보수공사 때문에 공원이 폐쇄된다고 들었어.
우리 거기는 못 갈 것 같아.

어떻게 할까?
다른 날에 갈까?
아마 대신 다음 주말에는 갈 수 있을 것 같은데.
아니면 다른 공원에 가도 돼.

네가 아는 다른 갈만한 공원이 있는지 궁금하다.
네 생각은 어떤지 알려줄 수 있어?
네가 결정하는 데로 따를게.
아무튼 이거 확인하면 나한테 연락해줘.

Q3 실전문제 연습하기

Adv 계획 취소/변경 경험

Model Answer

 Ex01-A3

I remember a time when I was supposed to have a gathering with my friends.
   + go on a trip + go for a movie + go to a wedding + go to a concert
I was looking forward to seeing my friends.
However, I came down with a bad flu a few days before the gathering.
   + [부상] I hurt my ankle while I was working out. I couldn't walk properly.
   + [음식] I got sick because I ate something wrong the day before.
   + [숙취] I was sick because I drank a lot the night before.
          I had a terrible hangover. + I felt like throwing up.
It was really bad and I couldn't even get out of bed.
   + I had a sore throat and I was coughing very much.
   + I had a runny nose and I was sneezing a lot.
   + I had a high fever and I was aching all over.

I felt very bad about missing the gathering.
But there was nothing I could do.
I messaged my friends and told them that I couldn't go.
I asked them to meet without me.
Looking back, I regret missing that gathering that day.

CORE EXPRESSIONS

- be supposed to ~하기로 되어 있다
- look forward to 기대하다, 고대하다
- work out 운동하다
- drink a lot the night before 전날 술을 많이 마시다
- eat something wrong 무언가 잘못 먹다
- feel bad 안타깝다, 속상하다
- regret 후회하다

- have a gathering 모임에 가다
- come down with a flu 독감에 걸리다
- get sick 아프다
- walk properly 제대로 걷다
- have a hangover 숙취가 있다
- looking back 되돌아보면, 돌이켜보면

Point Up!

❶ 관용 문구 **was supposed to** ~하기로 되어 있었다
I remember a time when I was supposed to have a gathering with my friends.
친구들과 모임을 가지기로 했었던 때가 기억 납니다.

❷ 관용 문구 **looking forward to** 기대하고 있는
I was looking forward to seeing my friends.
친구들을 만나는 것을 많이 기대하고 있었습니다.

❸ 관용 문구 **came down with a bad flu** 심한 독감에 걸렸다
I came down with a bad flu a few days before the gathering.
모임 며칠 전에 지독한 독감에 걸렸습니다.

❹ 관용 문구 **felt very bad** 속이 매우 상했다
I felt very bad about missing the gathering.
모임에 참석하지 못해서 속이 상했습니다.

❺ 연결어 **looking back** 되돌아보면, 돌이켜보면
Looking back, I regret missing that gathering that day.
돌이켜보면, 그 모임에 참여하지 못한 게 정말 후회가 됩니다.

아래 해석을 활용하여 나만의 답변을 완성해 보세요.

TRANSLATION

친구들과 모임을 가지기로 했었던 때가 기억납니다.
　　　　　＋ 여행을 가다　＋ 영화를 보러 가다　＋ 결혼식에 가다　＋ 콘서트에 가다
친구들을 만나는 것을 많이 기대하고 있었습니다.
그러나 모임 며칠 전에 지독한 독감에 걸렸습니다.
　　　　＋ [부상] 운동을 하다가 발목을 다쳤습니다. 제대로 걸을 수도 없었습니다.
　　　　＋ [음식] 그 전날 무엇인가 잘못 먹어서 아팠습니다.
　　　　＋ [숙취] 전날 밤 술을 너무 많이 마셔서 아팠습니다.
　　　　＋ 심한 숙취가 있었습니다.　＋ 토할 것 같았습니다.
너무 아파서 자리에서 일어나지도 못했습니다.
　　　　＋ 목이 붓고 기침도 많이 했습니다.
　　　　＋ 콧물이 계속 나고 재채기도 많이 했습니다.
　　　　＋ 고열에 몸살까지 있었습니다.

모임에 참석하지 못해서 속상했습니다.
하지만 아무것도 할 수 가 없었습니다.
친구들에게 가지 못한다고 메시지를 남겼습니다.
저 빼고라도 만나라고 말했습니다.
돌이켜보면, 그 모임에 참여하지 못한 게 정말 후회가 됩니다.

부록 2

ROLE PLAY |

음식점

● 주제에 알맞은 다양한 문항 유형을 알아보세요.

| 문의 | 단체 예약 문의 |

| 대안 제시 | 단체 행사 취소, 대안 제시 |

| 과거 경험 | 계획 취소/변경 경험 |

 다음 질문을 듣고 질문의 키워드를 확인해 보세요.    Ex02-Q1~3

1 `Int` 음식점에 단체 행사 예약 문의

I'd like to give you a situation and ask you to act it out. You need to make a reservation at a restaurant for an event that is coming up. Call the manager at the restaurant and ask three or four questions to make arrangements for the event.

주어진 상황을 연기해 주십시오. 다가오는 행사 준비로 음식점을 예약해야 합니다. 음식점의 매니저에게 전화해서 행사 예약을 위한 세 개나 네 개의 질문을 하십시오.

2 `Adv` 음식점에 단체 행사 예약 취소, 대안 제시

I'm sorry, but there is a problem I need you to resolve. You have made a reservation for an event at a restaurant, but the event that was planned got canceled. Call the restaurant, explain the situation and give two to three alternatives.

유감스럽게도 해결해야 할 문제가 있습니다. 행사 때문에 음식점을 예약했지만 계획했던 행사가 취소되었습니다. 음식점에 전화해서 상황을 설명하고 두 개나 세 개의 대안을 제시하십시오.

3 `Adv` 계획 취소/변경 경험

That's the end of the situation. Talk about a time when something that you planned got canceled for some reason. What exactly happened and how did you deal with the situation?

상황은 끝났습니다. 어떤 이유로 계획했던 것이 취소되었던 때에 대해 이야기해 주십시오. 정확히 무슨 일이 일어났고 어떻게 상황을 해결했습니까?

Q1 실전문제 연습하기

Int 음식점에 단체 행사 예약 문의

 Model Answer

Hi there, I'm calling to make a reservation at your restaurant.
We have a large event coming up.
　　　　　　+ workshop　+ seminar　+ convention　+ conference
We need to make arrangements for the after-party.
We are expecting about 20 people to come.

First of all, can you tell me if you can accommodate 20 people?
Next, what are some of your main dishes?
　　　　+ Do you have steak (fish / chicken / course meals)?
　　　　+ What kinds of drinks or appetizers do you have?
　　　　+ Do you serve alcohol such as beer, wine or hard liquor?
　　　　+ What kind of beer or wine do you have on the menu?
Can you give me any recommendations?
How much would dinner cost for 20 people?
I wonder if you have any promotions going on currently.
Do you have a website I can see by any chance?
Plus, until when are you open?

Please get back to me as soon as possible. Thank you in advance.

CORE EXPRESSIONS

- make a reservation 예약하다
- make arrangements 준비를 하다
- first of all 첫째로, 우선
- until when 언제까지
- as soon as possible 최대한 빨리, 가능한 빨리
- have something coming up 곧 다가오다
- after-party 뒷풀이
- accommodate 수용하다
- get back to me 나중에 연락주세요

Point Up!

❶ 관용 문구 **make a reservation** 예약하다
I'm calling to **make a reservation** at your restaurant.
그 쪽 음식점에 예약을 하려고 전화했습니다.

❷ 관용 문구 **coming up** 다가오는
We have a large event **coming up**.
큰 행사를 앞두고 있습니다.

❸ 관용 문구 **make arrangements** 준비하다
We need to **make arrangements** for the after-party.
뒷풀이 준비를 하려고 합니다.

❹ 관용 문구 **by any chance** 혹시
Do you have a website I can see **by any chance**?
혹시 제가 볼 수 있는 인터넷 웹사이트가 있습니까?

❺ 관용 문구 **as soon as possible** 최대한 빨리, 가능한 빨리
Please get back to me **as soon as possible**.
가능한 빨리 연락 부탁드립니다.

아래 해석을 활용하여 나만의 답변을 완성해 보세요.

TRANSLATION

여보세요. 그 쪽 음식점에 예약을 하려고 전화했습니다.
큰 행사를 앞두고 있습니다.
　　　　　　　＋ 워크샵 ＋ 세미나 ＋ 컨벤션 ＋ 컨퍼런스
뒷풀이 준비를 하려고 합니다.
아마 20명 정도가 참석할 거라고 보고 있습니다.

먼저, 20명을 수용할 수 있는 지 말씀해주시겠습니까?
그리고 메인 메뉴에는 어떤 것이 있습니까?
　　　　　　　＋ 스테이크 됩니까? (생선요리 / 닭요리 / 코스요리)
　　　　　　　＋ 음료와 에피타이저는 어떤 것이 있습니까?
　　　　　　　＋ 맥주, 와인이나 위스키 같은 술도 판매하십니까?
　　　　　　　＋ 어떤 종류의 맥주나 와인을 판매하십니까?
따로 추천해 주실 게 있습니까?
20명 식사비용은 얼마나 나옵니까?
지금 진행 중이신 프로모션이 있나 궁금합니다.
혹시 제가 볼 수 있는 인터넷 웹사이트가 있습니까?
그리고 언제까지 영업을 하십니까?

가능한 빨리 연락 해주시길 부탁 드리겠습니다. 감사합니다.

Q2 실전문제 연습하기

Adv 음식점에 단체 행사 예약 취소, 대안 제시

 **Model Answer**  Ex02-A2

Hi, there, I'm the person who made a reservation at your restaurant.
I'm very sorry, but I have some bad news.
Our event has been canceled.

+ workshop + seminar + convention + conference

I'm afraid that we're going to have to cancel our reservation as well.
I'm very sorry for the cancelation.
I look forward to doing business with your restaurant in the future.

Please call me back when you get this.
Thank you in advance.

CORE EXPRESSIONS

- have some bad news 안 좋은 소식이 있다
- cancelation 취소
- do business 영업하다, 거래하다
- in advance 미리
- be cancled 취소되다
- look forward to 기대하다
- in the future 미래에

Point Up!

❶ `현재완료` has been canceled 취소 되다
Our event has been canceled.
저희 행사가 취소가 되었습니다.

❷ `관용 문구` I'm afraid that 안타깝지만
I'm afraid that we're going to have to cancel our reservation as well.
안타깝지만, 저희가 예약했던 것을 취소해야 할 것 같습니다.

❸ `관용 문구` look forward to 기대하다
I look forward to doing business with your restaurant in the future.
미래에 그 쪽하고 거래하기를 기대합니다.

❹ `관용 문구` call me back 다시 전화주세요
Please call me back when you get this.
이 메시지 받으시면 다시 연락 부탁드립니다.

❺ `관용 문구` in advance 미리
Thank you in advance.
미리 감사합니다.

아래 해석을 활용하여 나만의 답변을 완성해 보세요.

TRANSLATION

여보세요. 그 쪽 음식점에 예약을 했던 사람입니다.
죄송하지만 나쁜 소식이 있습니다.
서희 행사가 **취소**가 되었습니다.
　　　　　　+ 워크샵 **+** 세미나 **+** 컨벤션 **+** 컨퍼런스

안타깝지만 저희가 예약했던 것을 취소해야 할 것 같습니다.
취소를 하게 되어 죄송합니다.
미래에 그 쪽하고 거래하기를 기대합니다.

이 메시지 받으시면 다시 연락 부탁 드립니다.
감사합니다.

Q3 실전문제 연습하기

Adv 계획 취소/변경 경험

 Model Answer  Ex02-A3

I remember a time when I was supposed to have a gathering with my friends.
　　　　　　　　　　　+ go on a trip + go for a movie + go to a wedding + go to a concert
I was looking forward to seeing my friends.
However, I came down with a bad flu a few days before the gathering.
　　　　　　　　　+ [부상] I hurt my ankle while I was working out. I couldn't walk properly.
　　　　　　　　　+ [음식] I got sick because I ate something wrong the day before.
　　　　　　　　　+ [숙취] I was sick because I drank a lot the night before.
　　　　　　　　　　　　I had a terrible hangover. + I felt like throwing up.
It was really bad and I couldn't even get out of bed.
　　　　　　　　　+ I had a sore throat and I was coughing very much.
　　　　　　　　　+ I had a runny nose and I was sneezing a lot.
　　　　　　　　　+ I had a high fever and I was aching all over.

I felt very bad about missing the gathering.
But there was nothing I could do.
I messaged my friends and told them that I couldn't go.
I asked them to meet without me.
Looking back, I regret missing that gathering that day.

CORE EXPRESSIONS

- be supposed to ~하기로 되어 있다
- look forward to 기대하다, 고대하다
- work out 운동하다
- drink a lot the night before 전날 술을 많이 마시다
- eat something wrong 무언가 잘못 먹다
- feel bad 안타깝다, 속상하다
- regret 후회하다
- have a gathering 모임에 가다
- come down with a flu 독감에 걸리다
- get sick 아프다
- walk properly 제대로 걷다
- have a hangover 숙취가 있다
- looking back 되돌아보면, 돌이켜보면

Point Up!

❶ 관용 문구 **be supposed to** ~하기로 되어 있다
I remember a time when I was supposed to have a gathering with my friends.
친구들과 모임을 가지기로 했었던 때가 기억 납니다.

❷ 관용 문구 **looking forward to** 기대하고 있는
I was looking forward to seeing my friends.
친구들을 만나는 것을 많이 기대하고 있었습니다.

❸ 관용 문구 **come down with a bad flu** 심한 독감에 걸리다
I came down with a bad flu a few days before the gathering.
모임 며칠 전에 지독한 독감에 걸렸습니다.

❹ 관용 문구 **felt very bad** 속이 매우 상했다
I felt very bad about missing the gathering.
모임에 참석하지 못해서 속이 상했습니다.

❺ 연결어 **looking back** 되돌아보면, 돌이켜보면
Looking back, I regret missing that gathering that day.
돌이켜보면, 그 모임에 참여하지 못한 게 정말 후회가 됩니다.

아래 해석을 활용하여 나만의 답변을 완성해 보세요.

TRANSLATION

친구들과 모임을 가지기로 했었던 때가 기억납니다.
　　　　　＋ 여행을 가다　＋ 영화를 보러 가다　＋ 결혼식에 가다　＋ 콘서트에 가다
친구들을 만나는 것을 많이 기대하고 있었습니다
그러나 모임 며칠 전에 지독한 독감에 걸렸습니다.
　　　　＋ [부상] 운동을 하다가 발목을 다쳤습니다. 제대로 걸을 수 도 없었습니다.
　　　　＋ [음식] 그 전날 무엇인가 잘못 먹어서 아팠습니다.
　　　　＋ [숙취] 전날 밤 술을 너무 많이 마셔서 아팠습니다.
　　　　＋ 심한 숙취가 있었습니다.　＋ 토할 것 같았습니다.
너무 아파서 자리에서 일어나지도 못했습니다.
　　　　＋ 목이 부었고 기침도 많이 했습니다.
　　　　＋ 콧물이 계속 나고 재채기도 많이 했습니다.
　　　　＋ 고열에 몸살까지 있었습니다.

모임에 참석하지 못해서 속상했습니다.
하지만 아무것도 할 수 가 없었습니다.
친구들에게 가지 못한다고 메시지를 남겼습니다.
저 빼고라도 만나라고 말했습니다.
돌이켜보면, 그 모임에 참여하지 못한 게 정말 후회가 됩니다.

부록 3

ROLE PLAY |

면접/인터뷰

● 주제에 알맞은 다양한 문항 유형을 알아보세요.

| 문의 | 면접 관련 문의 | | 대안 제시 | 면접 못가는 상황, 대안 제시 |

| 과거 경험 | 약속이나 미팅 취소/변경 경험 |

 다음 질문을 듣고 질문의 키워드를 확인해 보세요.    Ex03-Q1~3

1 Int 면접/인터뷰 관련 문의

I'd like to give you a situation and ask you to act it out. You are going for an interview at a company. Call the company and ask three or four questions about what you have to know about the interview.

주어진 상황을 연기해 주십시오. 회사 면접을 가야 합니다. 회사에 전화해서 면접에 관해 무엇을 알아야 하는지 세 개나 네 개의 질문을 하십시오.

2 Adv 면접/인터뷰 못 가는 긴급 상황, 대안 제시

I'm sorry, but there is a problem I need you to resolve. There is an emergency and you cannot make it to the interview. Call the company and explain the situation. Give two to three alternatives to make arrangements for a schedule change.

유감스럽게도 해결해야 할 일이 생겼습니다. 급한 일이 생겨서 면접에 참석하지 못하게 되었습니다. 회사에 전화해서 상황을 설명하십시오. 면접 일정을 바꾸기 위해 두 개나 세 개의 대안을 제시하십시오.

3 Adv 약속이나 미팅 취소/변경 경험

That's the end of the situation. Have you ever had to cancel an appointment or a meeting for any reason? Why did you have to do that and how did you deal with the situation? Give me all the details.

상황은 끝났습니다. 어떤 이유에서든 약속이나 미팅을 취소한 적이 있습니까? 왜 그래야 했고 어떻게 상황을 해결했습니까? 자세히 말해 주십시오.

Q1 실전문제 연습하기

Int 면접/인터뷰 관련 문의

 **Model Answer**  Ex03-A1

Hi there. My name is Heather Kim.
I am supposed to come in for an interview.
I would like to ask several questions about the interview.

First, do I need to prepare anything in particular?
I've handed in my resume and cover letter.
I wonder if there is anything else I should hand in before the interview.

Next, will the interview be held in Korean or in English, or both?
Plus, can you tell me how long the interview will be?
　　　　+ Also, is there a dress code for the interview?
　　　　+ Do I have to wear a formal suit?

Last of all, when and where is the interview going to be held?
Can you tell me the exact time and place for the interview?
Please let me know as soon as possible. Thank you in advance.

CORE EXPRESSIONS

- be supposed to ~하기로 되어 있다
- would like to ~하고 싶다
- hand in 제출하다
- cover letter 자기소개서
- exact time and place 정확한 시간과 장소
- come in for an interview 면접을 보러 가다
- prepare anything in particular 특별히 준비하다
- resume 이력서
- dress code 복장 규정
- be held 이루어지다, 진행되다

Point Up!

❶ 구동사 come in 방문하다
I am supposed to come in for an interview.
면접 보러 가기로 되어있습니다.

❷ 관용 문구 I would like to ~하고 싶다
I would like to ask several questions about the interview.
면접에 대해 몇 가지 질문을 하고 싶습니다.

❸ 구동사 handed in 제출 했다
I've handed in my resume and cover letter.
이력서와 자기소개서는 제출했습니다.

❹ 관용 문구 anything else 그 밖에 무엇인가
I wonder if there is anything else I should hand in before the interview.
그 밖에 면접 전에 제출해야 할 것이 있는지 궁금합니다.

❺ 수동태 be held 열리게 되다
Last of all, when and where is the interview going to be held?
마지막으로 면접이 언제 어디서 진행될 예정입니까?

아래 해석을 활용하여 나만의 답변을 완성해 보세요.

TRANSLATION

안녕하세요. 저는 Heather Kim입니다.
면접 보러 가기로 되어있습니다.
면접에 대해서 몇 가지 질문을 하고 싶습니다.

먼저 제가 특별히 준비해야 할 것이 있습니까?
이력서와 자기소개서는 제출했습니다.
그 밖에 면접 전에 제출해야 할 것이 있는지 궁금합니다.

그리고 면접이 한국어로 진행됩니까? 영어로 진행됩니까? 아니면 둘 다 진행하십니까?
그리고 면접이 얼마나 걸릴지 알려주시겠습니까?
 ✚ 그리고 면접 복장이 어떻게 됩니까?
 ✚ 정장을 입어야 합니까?

마지막으로 면접이 언제 어디서 진행될 예정입니까?
정확한 시간과 장소를 말씀해 주실 수 있습니까?
가능한 빨리 알려주셨으면 좋겠습니다. 감사합니다.

Q2 실전문제 연습하기

Adv 면접/인터뷰 못 가는 긴급 상황, 대안 제시

 Model Answer  Ex03-A2

Hi, there. My name is **Heather Kim**.
I am supposed to come in for an interview tomorrow.
I am very sorry but I have some bad news.

I am feeling very sick right now.
I came down with a bad flu a couple of days ago.
I can't even get out of bed right now.
　　　　+ My brother got into an accident and is in the hospital.
　　　　+ I have to take care of him because my family members live far away.

I am terribly sorry, but I wonder if you could reschedule the interview for me.
I think I can come in next week.

Once again, I am very sorry for the trouble.
Please call me back as soon as possible. Thank you in advance.

CORE EXPRESSIONS

- come in for an interview 면접 때문에 방문하다
- get out of bed 일어나서 거동하다
- be in the hospital 병원에 있다
- be very sorry for the trouble 번거롭게 해서 미안하다
- as soon as possible 최대한 빨리, 가능한 빨리
- come down with a flu 독감에 걸리다
- get into an accident 사고가 나다
- take care of someone ~를 돌보다
- reschedule 일정을 재조정하다

Point Up!

❶ [관용 문구] **have some bad news** 안 좋은 소식이 있다
I am very sorry but I **have some bad news**.
죄송하지만 안 좋은 소식이 있습니다.

❷ [GET 문구] **get out of bed** 자리에서 일어나다
I can't even **get out of bed** right now.
지금 제대로 일어날 수 조차 없습니다.

❸ [관용 문구] **terribly** 대단히
I am **terribly** sorry.
대단히 죄송합니다.

❹ [특수 동사] **reschedule the interview** 면접 일정을 다시 잡다
I wonder if you could **reschedule the interview** for me.
면접 일정을 다시 잡을 수 있을지 궁금합니다.

❺ [연결어] **once again** 다시 한번 말하지만
Once again, I am very sorry for the trouble.
다시 한번 말씀 드리지만, 불편하게 해드려서 진심으로 죄송합니다.

아래 해석을 활용하여 나만의 답변을 완성해 보세요.

TRANSLATION

안녕하세요. 저는 Heather Kim입니다.
내일 인터뷰를 보기로 되어 있습니다.
죄송하지만 안 좋은 소식이 있습니다.

제가 지금 몸이 몹시 좋지 않습니다.
며칠 전에 심한 독감에 걸렸습니다.
지금 제대로 일어날 수 조차 없습니다.
　　　　+ 남동생이 사고가 나서 병원에 있습니다.
　　　　+ 가족들이 멀리 살아서 동생을 돌봐야 합니다.

정말 죄송합니다만, 면접 일정을 변경할 수 있을지 궁금합니다.
제 생각엔 아마 다음 주에 갈 수 있을 것 같습니다.

다시 한번 불편하게 해드려서 진심으로 죄송합니다.
가능한 빨리 전화를 주셨으면 좋겠습니다. 감사합니다.

Q3 실전문제 연습하기

Adv 약속이나 미팅 취소/변경 경험

 **Model Answer**  Ex03-A3

I remember a time when I was supposed to attend an important meeting with my colleagues.
However, I came down with a bad flu a couple of days before the meeting.
I got really sick and couldn't even get out of bed.
I felt very bad about missing the meeting, but there was nothing I could do.
I called my colleagues and told them that I couldn't go.
I asked them to go ahead without me.
I didn't want them to cancel the meeting just because of me.
Looking back, I regret missing that meeting that day.

CORE EXPRESSIONS

- attend an important meeting 중요한 회의에 참석하다
- come down with a flu 독감에 걸리다
- go ahead without me 나 없이 진행하라고 하다
- looking back 되돌아보면
- colleague 동료
- get out of bed 잠자리에서 일어나다
- cancel the meeting 회의를 취소하다
- regret 후회하다

Point Up!

❶ 관용 문구 **was supposed to** ~하기로 되어 있었다
I remember a time when I was supposed to attend an important meeting with my colleagues.
동료들과 함께 중요한 회의에 참석하기로 있었던 게 생각납니다.

❷ 관용 문구 **came down with a bad flu** 심한 독감에 걸렸다
I came down with a bad flu a couple of days before the meeting.
회의 며칠 전에 정말 지독한 독감에 걸렸습니다.

❸ GET 동사 **get out of bed** 잠자리에서 일어나다
I got really sick and couldn't even get out of bed.
정말 아파서 심지어 자리에서 일어날 수도 없었습니다.

❹ 관용 문구 **there was nothing I could do** 할 수 있는게 없었다
I felt very bad about missing the meeting, but there was nothing I could do.
회의를 놓쳐서 정말 아쉬웠지만 어떻게 할 도리가 없었습니다.

❺ 관용 문구 **go ahead without me** 나 없이 진행하다
I asked them to go ahead without me.
저 없이 라도 진행해달라고 부탁했습니다.

아래 해석을 활용하여 나만의 답변을 완성해 보세요.

TRANSLATION

동료와 함께 중요한 회의에 참석하기로 되어 있었던 게 생각납니다.
하지만 회의 며칠 전에 정말 지독한 독감에 걸렸습니다.
정말 아파서 심지어 자리에서 일어날 수도 없었습니다.
회의를 놓쳐서 정말 아쉬웠지만 어떻게 할 도리가 없었습니다.
동료들에게 전화를 해서 저는 갈 수 없다고 말했습니다.
저 없이 진행해달라고 부탁했습니다.
저 때문에 회의를 취소 하는걸 원치 않았습니다.
되돌아보면 그 날 회의를 놓쳐서 너무 아쉽습니다.

ROLE PLAY |
SNS

● 주제에 알맞은 다양한 문항 유형을 알아보세요.

| 문의 | 친구가 SNS 도움 필요한지 질문 |
| 대안 제시 | 친구가 올린 글 안 보임, 대안 제시 |

| 과거 경험 | SNS 게시물 올리다 생긴 문제, 해결 방법 |

 다음 질문을 듣고 질문의 키워드를 확인해 보세요.  Ex04-Q1~3

1 **Int** 친구가 SNS 시작, 도움 필요한지 질문

I'd like to give you a situation and ask you to act it out. Your friend wants to use a social networking site and needs some help. Call your friend and ask three to four questions to help that friend out.

주어진 상황을 연기해 주십시오. 친구가 SNS를 하고 싶어하고 도움이 필요합니다. 친구를 돕기 위해 친구에게 전화해서 세 개나 네 개의 질문을 하십시오.

2 **Adv** 친구가 글 올렸는데 안 보인다고 함, 대안 제시

I'm sorry, but there is a problem I need you to resolve. Your friend says he has posted something on his social networking page but cannot see his posting. Call your friend, ask about the problem and give two to three alternatives to solve the problem.

유감스럽게도 해결해야 할 문제가 있습니다. 친구가 SNS에 무언가 올렸지만 게시물이 보이지 않는다고 합니다. 친구에게 전화해서 문제에 대해 물어보고 문제를 해결하기 위한 두 개나 세 개의 대안을 제시하십시오.

3 **Adv** SNS 게시물을 올리다 생긴 문제, 해결 방법

That's the end of the situation. Have you ever had problems with a posting you left on your social networking site? Perhaps the posting wouldn't appear on the screen or the wrong message went up. How did you solve the situation? Talk about what exactly happened from beginning to end.

상황은 끝났습니다. SNS에 올린 게시물 때문에 문제가 생긴 적이 있었습니까? 아마 게시물이 화면에 나타나지 않았거나 잘못된 메시지가 나왔을 수 있습니다. 어떻게 상황을 해결하셨습니까? 어떤 일이 정확히 일어났는지 처음부터 끝까지 말해주십시오.

Q1 실전문제 연습하기

> **Int** 친구가 SNS 시작, 도움 필요한지 질문
>
> I'd like to give you a situation and ask you to act it out. Your friend wants to use a social networking site and needs some help. Call your friend and ask three to four questions to help that friend out.

 Model Answer    Ex04-A1

Hi there Avril, This is Jane.
I'm calling to help you set up your Facebook account.
Let me walk you through the process.

First, did you sign up? Signing up is not difficult.
You just fill out the form they give you.
Pick an ID and a password.

Once you log in, you will see your personal page.
Start friending people you know.
You can search for them with their names.
And then, start making status updates.
You can post up pictures, video clips or links.

Anyway, give me a call if you need any help.
I'll be glad to help you.

CORE EXPRESSIONS

- set up an account 계정을 개설하다
- walk somebody through the process 차근차근 알려주다
- fill out the form 양식을 작성하다
- make status updates 상태 업데이트를 하다
- Facebook account 페이스북 계정
- sign up 등록하다, 가입하다
- search for someone ~를 검색하다
- post up 게시하다, 올리다

Point Up!

❶ `관용 문구` **walk you through the process** 과정을 차근차근 알려주다
Let me **walk you through the process**.
어떻게 해야 하는지 차근차근 알려줄게.

❷ `구동사` **fill out the form** 양식을 작성하다
You just **fill out the form** they give you.
그냥 주어신 양식만 작성하면 돼.

❸ `관용 문구` **making status update** 상태 업데이트를 하다
Start **making status updates**.
상태 업데이트를 시작해봐.

❹ `구동사` **post up** 게재하다, 올리다
You can **post up** pictures, video clips or links.
사진이랑 동영상을 올리거나 주소링크도 걸 수 있어.

❺ `관용 문구` **I'll be glad to** 기꺼이 ~할게.
I'll be glad to help you.
내가 기꺼이 도와줄게.

아래 해석을 활용하여 나만의 답변을 완성해 보세요.

TRANSLATION

안녕, Avril. 나 Jane이야.
네 페이스북 계정 만드는 거 도와주려고 전화했어.
이떻게 해야 하는지 차근차근 알려줄게

일단 너 회원가입 했니? 회원가입 하는 건 어렵지 않아.
그냥 주어진 양식만 작성하면 돼.
ID와 비밀번호 고르고.

일단 로그인 하면 너의 개인 페이지를 볼 수 있을 거야.
아는 사람을 친구추가 하는 것부터 시작해.
이름을 검색하면 찾을 수 있어.
그리고 상태 업데이트를 시작해봐.
사진이랑 동영상을 올리거나 주소링크도 걸 수 있어.

아무튼 도움이 필요하면 전화해줘.
내가 기꺼이 도와줄게.

Q2 실전문제 연습하기

> **Int** 친구가 글 올렸는데 안 보인다고 함, 대안 제시
>
> I'm sorry, but there is a problem I need you to resolve. Your friend says he has posted something on his social networking page but cannot see his posting. Call your friend, ask about the problem and give two to three alternatives to solve the problem.

 Model Answer  Ex04-A2

Hi there Avril, This is John again.
I've heard you're having some trouble with Facebook.
Is your posting not going up?
Can't you see it on your screen?

Well, there could be several reasons.
First, what did you post up? Was it a picture or a message?
Which box did you leave your posting in?
Maybe you wrote something in the wrong box.

I think I can help you the best if we meet up.
Why don't we meet up somewhere?
I'll teach you step by step.
Give me a call when you get this, okay?

CORE EXPRESSIONS

- posting 게시물
- have some trouble with ~에 어려움을 겪다
- meet up somewhere 어딘가에서 만나다
- go up 올라가다
- post up 게시하다, 올리다
- step by step 한 걸음 한 걸음, 차근차근

Point Up!

❶ 현재진행 be having some trouble 문제를 겪고 있다
I've heard you're having some trouble with Facebook.
너 페이스북 하는데 문제가 있다고 들었어.

❷ 구동사 go up 올라가다
Is your posting not going up?
너의 게시물이 안 올라가고 있는 거니?

❸ 관용 문구 help you the best 가장 잘 도와주다
I think I can help you the best if we meet up.
내가 직접 만나야 가장 잘 도와줄 수 있을 것 같다.

❹ 구동사 meet up 만나다
Why don't we meet up somewhere?
어디서 만나는 게 어때?

❺ 관용 문구 step by step 한 걸음 한 걸음, 차근차근
I'll teach you step by step.
내가 차근차근 가르쳐줄게.

아래 해석을 활용하여 나만의 답변을 완성해 보세요.

TRANSLATION

안녕 Avril. 아까 전화했던 John이야.
너 페이스북 하는데 문제가 있다고 들었어.
게시물이 안 올라가니?
네 화면에서도 보이지 않니?

음. 몇 가지 이유가 있을 수 있어.
먼저, 어떤 거 올렸어? 사진이야 아니면 글이야?
어떤 상자에다가 올렸니?
아마 네가 잘못된 상자에 글을 썼을 수도 있어.

내가 직접 만나야 가장 잘 도와줄 수 있을 것 같다.
어디서 만나는 게 어때?
내가 차근차근 가르쳐줄게.
이 메시지 확인하면 전화해줘. 알겠지?

Q3 실전문제 연습하기

Adv SNS 게시물을 올리다 생긴 문제, 해결 방법

That's the end of the situation. Have you ever had problems with a posting you left on your social networking site? Perhaps the posting wouldn't appear on the screen or the wrong message went up. How did you solve the situation? Talk about what exactly happened from beginning to end.

 **Model Answer**

 Ex04-A3

Frankly speaking, I don't think I've ever had any problems posting things on Facebook.
Facebook is user-friendly and it is quite easy to post things that I want.

I'm not that tech-savvy, but I've always been able to do what I wanted.
Of course, I was a bit slow when I first started Facebook.
But now, I'm much faster.

So, once again, posting something on Facebook hasn't been that difficult for me.
I haven't had any problems posting things on that site.

CORE EXPRESSIONS

· frankly speaking 솔직히 말해
· tech-savvy 최신 기술에 능통한
· be difficult for someone ~에게 어렵다
· user-friendly 사용자 친화적인, 사용하기 쉬운
· be able to ~할 수 있다

Point Up!

❶ 관용 문구 **frankly speaking** 솔직히 말해서
Frankly speaking, I don't think I've ever had any problems posting things on Facebook.
솔직히 말하자면 페이스북에 무언가를 올리다가 문제가 생겼던 적은 없는 것 같습니다.

❷ 합성어 **user-friendly** 사용자 친화적인, 사용하기 쉬운
Facebook is **user-friendly** and it is quite easy to post things that I want.
페이스북은 사용자 친화적이라서 제가 원하는 게시물을 올리기 매우 쉽습니다.

❸ 합성어 **tech-savvy** 최신 기술에 능통한
I'm not that **tech-savvy**.
제가 최신 기술을 잘 다루는 편은 아닙니다.

❹ 관용 문구 **I've always been able to** 항상 ~할 수 있어 왔다
I've always been able to do what I wanted.
항상 하고자 하는 것은 늘 할 수 있었습니다.

❺ 동명사 주어 **posting something on Facebook** 페이스북에 무언가를 올리는 것
Posting something on Facebook hasn't been that difficult for me.
페이스북에 무언가를 올리는 것이 저에게는 그다지 어렵지 않았습니다.

아래 해석을 활용하여 나만의 답변을 완성해 보세요.

TRANSLATION

솔직히 말하자면 페이스북에 무언가를 올리다가 문제가 생겼던 적은 없는 것 같습니다.
페이스북은 사용자 친화적이라서 제가 원하는 게시물을 올리기 매우 쉽습니다.

제가 최신 기술을 잘 다루는 편은 아니지만 원하는 것을 하는 것은 제법 쉬웠습니다.
물론 제가 처음 시작했을 때는 약간 익숙치 않았습니다.
그런데 지금은 예전보다 훨씬 능숙해졌어요.

다시 말하자면 페이스북에 무언가를 올리는 것이 저에게는 그다지 어렵지 않았습니다.
그 사이트에 뭔가를 올리며 별다른 문제를 겪지 않았습니다.

한국인의 말하기 OPIc

취약점 집중공략
IM

OPIc 대비 멀티캠퍼스 Best 온라인 과정

OPIc 전략과정
한국인의 말하기 취약점 분석 기반의 OPIc 전략과정

한국인의 말하기 특징 분석 IL공략	한국인의 말하기 특징 분석 IM공략	한국인의 말하기 특징 분석 IH공략	한국인의 말하기 특징 분석 AL공략

OPIc 막판뒤집기과정
시험장 가기 전에 꼭 봐야 하는 OPIc 전문강사의 생생한 전문 특강 과정

[막판뒤집기] OPIc IM Pass	[막판뒤집기] OPIc IH Pass

OPIc 등급공략과정
OPIc 주관사 멀티캠퍼스에서 제시하는 레벨별 맞춤 공략 과정

New OPIc 첫걸음	New OPIc SOS Start	New OPIc SOS IM공략	New OPIc의 정석! IH공략

OPIc 실전과정
OPIc 최고 강사진이 전하는 최신 경향의 실전 대비 과정

OPIc IL Master	OPIc IM Master	OPIc IH Master

중국어 대비 멀티캠퍼스 Best 온라인 과정

TSC 전략 과정
단기간 레벨 UP!을 위한 핵심 전략과 유형별 공략법을 제시하는 국내 최고의 TSC 대비 과정

한달에 끝내는 TSC 첫걸음 3급공략	한달에 끝내는 TSC 실전테스트	초단기 TSC 4급공략	초단기 TSC 4급공략 실전테스트

TSC 막판뒤집기과정
TSC 대비를 위한 단, 6시간 막판뒤집기 족집게 과정

[막판뒤집기] TSC 3급 Pass

[막판뒤집기] TSC 4급 Pass

OPIc중국어 전략과정
OPIc 평가 주관사 멀티캠퍼스에서 개발한 국내 유일무이한 OPIc 중국어 대비 과정

New OPIc 중국어 첫걸음	OPIc 중국어의 정석! IM공략	OPIc 중국어의 정석! IH공략

新BCT 전략과정
새롭게 바뀐 BCT 문제 유형 분석을 통한 시험 완벽 대비 및 비즈니스 중국어 회화 능력을 향상할 수 있는 과정

초단기 新BCT Speaking 공략	초단기 新BCT Speaking 실전테스트	新BCT 첫걸음 A형 공략	新BCT 첫걸음 B형 공략

온라인 교육과정 문의 TEL 1544-9001 | Website www.opic.co.kr